ÉTATS D'ÂME, ÉTATS DE LANGUE

ESSAI SUR LE FRANÇAIS PARLÉ AU QUÉBEC

CE LIVRE A ÉTÉ ÉCRIT AVEC LA COLLABORATION DE

CLAUDINE CAOUETTE
JEAN-FRANÇOIS DROLET
SOPHIE MARAIS
LUCIE MÉNARD
MARISE OUELLET
BENOIT TARDIF
LINDA THIBAULT
ROBERT VÉZINA
DIANE VINCENT

DE LA MÊME AUTEURE

Éditer des œuvres médiatiques, collectif sous la direction de Paul-André Bourque, Pierre Hétu, Marty Laforest et Vincent Nadeau, Québec, Nuit blanche éditeur, 1992.

Le back-channel en situation d'entrevue, Québec, CIRAL, Université Laval, 1992.

Autour de la narration, collectif sous la direction de Marty Laforest, Québec, Nuit blanche éditeur, 1996.

MARTY LAFOREST

ÉTATS D'ÂME, ÉTATS DE LANGUE

ESSAI SUR LE FRANÇAIS PARLÉ AU QUÉBEC

ÉDITIONS NOTA BENE

Les Éditions Nota bene remercient le Conseil des Arts du Canada
et la SODEC pour leur soutien financier.

Nous reconnaissons l'aide financière du gouvernement du Canada par l'entremise du Programme d'aide au développement de l'industrie de l'édition (PADIÉ) pour nos activités d'édition.

ISBN : 978-2-89518-263-4

REMERCIEMENTS

Tout ça à cause de Guy Champagne, âme de la maison Nuit blanche éditeur, qui m'a mise au défi d'écrire ce livre. Quoi de plus stimulant !

Merci à Antoine Auchlin, Lionel Boisvert, Louis Jolicœur, Patrice et Josée Laforest, René Lesage, Claude Verreault, Marie-France Caron-Leclerc pour leurs commentaires et les informations qu'ils m'ont fournies, parfois sans même le savoir ; à Conrad Ouellon et Diane Vincent, pour leur confiance.

Je tiens aussi à remercier tout particulièrement Réal D'Amours, lecteur attentif et perspicace.

INTRODUCTION
ENCORE ET TOUJOURS LA LANGUE

Plus qu'à taper sur une rondelle avec un bâton, le véritable sport national des Québécois consiste à parler de la langue. Or, la sagesse populaire l'a formulé une fois pour toutes : plus ça change, plus c'est pareil. Et de même que rien ne ressemble plus à un match de hockey qu'un autre match de hockey, rien ne ressemble plus à un livre paru sur la langue qu'un autre livre sur la langue. Pour ne parler que des 35 dernières années, on peut dire que du Frère Untel à Georges Dor, des *Insolences* à *Anna braillé ène shot,* le discours sur la langue au Québec a très peu varié. Chaque fois les mêmes prémisses, les mêmes arguments, les mêmes conclusions : les Québécois parlent une langue exécrable, un créole incompréhensible des véritables francophones, ceux qui parlent LE français. De façon très simpliste, on fait encore et toujours du parler de la classe ouvrière d'une ville, Montréal, LE français québécois, pour l'opposer au parler de la classe bourgeoise d'une ville, Paris, dont on fait LE français international.

On a souvent répondu à ce dénigrement généralisé de la langue d'ici par une survalorisation du joual. Ce faisant, on se place dans la même opposition réductrice entre français québécois et français dit international, sans remettre vraiment en cause les termes mêmes de l'opposition, ce qui ne permet pas davantage de mesurer la complexité de la réalité linguistique.

C'est curieux, alors qu'il faut s'y connaître pour parler de physique ou d'économie sur la place publique, en matière de langue, le seul fait de l'utiliser chaque jour semble autoriser tout un chacun à en dire n'importe quoi sans jamais que soit mise en question la validité de ses arguments. On a des états d'âme, ça suffit pour justifier n'importe quelle déclaration. Bien sûr, à la différence de l'économie ou de la physique, la langue est un bien collectif que chacun s'approprie et qui est constitutif de l'identité – chacun peut avoir une opinion sur la langue et il est parfaitement justifié de l'exprimer. Mais il n'en demeure pas moins que la langue est aussi un objet d'études au même titre que les autres. On a tendance à l'oublier, et c'est la raison pour laquelle on ne fait pas toujours la part de l'opinion et du savoir sur cette question.

La résurgence périodique du discours du dénigrement a de quoi surprendre. Son caractère inchangé de décennie en décennie donne à penser que la situation linguistique du Québec ne se modifie en rien et surtout que la connaissance elle-même sur la langue ne progresse pas. Or, depuis 30 ans, une somme impressionnante de recherches ont été menées sur la question, dont les résultats sont rarement pris en compte par ceux qui se lamentent bruyamment sur l'état du français parlé au Québec. Pourquoi s'intéresser aux travaux d'universitaires, ces *faiseux*, quand il suffit, n'est-ce pas, d'avoir des oreilles pour entendre ce qui se dit ? À en juger par le succès obtenu à tout coup par les prophètes de l'assimilation et les pourfendeurs de la faute de langue, il faut croire que leur discours correspond à ce qu'un grand nombre de personnes veulent justement entendre. Ce qui prouve que ce n'est pas de langue qu'on parle au fond, mais de valeurs : la langue est le symbole d'un certain nombre de choses auxquelles on tient, d'une certaine idée de la culture. En matière de langue, au Québec, nous sommes donc dans le domaine du sentiment et de la foi, de telle sorte que les arguments les plus solides ne pourront pas grand chose contre la conviction répandue que le français est ici très malade, voire moribond.

C'est la raison pour laquelle je ne me fais guère d'illusions sur la réception de cette réponse au dernier avatar du discours du dénigrement, l'essai *Anna braillé ène shot,* de Georges Dor, paru en 1996 chez Lanctôt éditeur. Dans cet essai, Dor pleure sur son peuple qui, dit-il, n'a plus de langue. Ce qui me fait non pas pleurer mais rager, pour ma part, c'est l'image désespérément négative que les Québécois ont de leurs mots, c'est de voir un grand nombre d'entre eux convaincus, à force de se le faire répéter par tous les Georges Dor du pays, que nulle part ailleurs dans le monde on ne parle aussi mal.

Une lettre dans un journal aurait peut-être suffi à contenir mes épanchements. Cela vaut-il la peine de répondre par un livre à un ouvrage qu'on aura oublié dans quelques mois ? Pourquoi pas, puisque tout porte à croire que le livre de Georges Dor sera suivi par un autre fort semblable, dans deux, cinq ou dix ans, tout comme il a succédé à celui du Frère Untel. Mais pendant qu'on s'émeut, qu'on s'alarme et qu'on s'égosille, le français québécois vit sa vie, sur laquelle les passions qu'il déchaîne n'ont aucune prise. Heureusement ou malheureusement, les facteurs qui contribuent à le façonner sont ceux qui façonnent toutes les langues – c'est fou ce que nous sommes ordinaires, n'en déplaise aux Frères Untel comme aux Léandre Bergeron. Et c'est de ça qu'il sera question ici, un peu plus des états de langue, pour une fois, et un peu moins des états d'âme.

Qu'en est-il exactement de ces caractéristiques du français québécois qui sont constamment pointées du doigt comme des marques de dégénérescence ou de mauvaise maîtrise de la langue ? Pour remettre en question les jugements dont elles sont l'objet, il faut remonter à leur origine, s'arrêter à leur fonctionnement, examiner les causes de leur condamnation. Puisse-t-on en finir avec quelques affirmations aussi gratuites que répandues sur la langue, de telle sorte que l'espace soit libre pour parler d'autre chose !

CHAPITRE I

REMISE DE PEINE POUR UNE LANGUE CONDAMNÉE[1]

Les arguments utilisés par Georges Dor et ses semblables ne résistent pas, pour la plupart, à l'examen et témoignent d'une méconnaissance profonde du fonctionnement des langues. L'argumentation repose sur quelques prémisses douteuses. D'abord la conception d'une langue idéale, figée, LE français, identique à l'oral et à l'écrit. Deuxièmement, l'idée que toute forme linguistique utilisée par une personne reflète la qualité de sa pensée : plus on utilise de mots (des mots du dictionnaire évidemment), plus on utilise de phrases complexes, plus on a une pensée complexe et, de ce fait, riche. Inversement, l'utilisation de phrases simples refléterait une pensée… simpliste. Enfin, l'idée que les caractéristiques du français québécois et les principes qui le régissent

1. Ce chapitre a été rédigé en collaboration avec Claudine Caouette, Sophie Marais et Robert Vézina.

lui sont exclusifs et que ce qui se passe ici sur le plan langagier est unique au monde.

La thèse de Dor tient en peu de mots et je la répète : le français parlé ici n'en est plus, ce n'est pas une langue, mais un patois, un jargon incompréhensible. Ce parler dépourvu de structures, au vocabulaire pauvre, rend non seulement les Québécois incapables de communiquer avec les autres francophones, mais les rend incapables d'exprimer autre chose que ce qui relève du quotidien le plus immédiat et reflète leur incapacité à réfléchir logiquement et à exprimer émotions et sentiments.

Dor se défend de mépriser ses concitoyens – c'est le patriarche qui invective en sanglotant ses enfants perdus – et prétend ne pas se soustraire à ses conclusions, ce dont le lecteur peut douter à prendre connaissance du chapelet de qualificatifs accolés au parler québécois sous sa plume. On en compte 54 différents dans les 35 premières pages, tous extrêmement négatifs, voire injurieux. Les Québécois ne parlent pas, ils bafouillent, ils balbutient, ils baragouinent, ils vagissent et ils mugissent ; leurs phrases sont bâtardes et invertébrées, leur vocabulaire est rachitique et les mots qui leur restent, tronqués, leurs verbes sont boiteux, leurs adjectifs aveugles, leur nonprononciation est flasque et avachie, c'est pour tout dire une éructation, un rot gigantesque, un gluant marécage ; la confusion, le débraillement, la grossièreté, l'indigence, l'insignifiance et la vulgarité nous caractérisent. Il en manque et de plus beaux, il faudrait citer le livre en entier. Dor n'y va pas avec le dos de la cuiller et le moins que l'on puisse dire est que côté dépréciation, il a soigné son rachitisme (à moins qu'il ne soit pas vraiment québécois ?).

Ce qui est au moins aussi acrobatique que la phrase québécoise, c'est la position revendiquée par Dor, qui aime à se dire du peuple tout en manifestant cette capacité à s'exprimer qu'il lui dénie et qui caractérise selon lui l'élite, ces intellectuels qu'il ridiculise et auxquels il ne voudrait surtout pas être assimilé. À ceux qui entendent autre chose autour d'eux que le prétendu marmonnement d'une demi-langue désossée, Dor répond qu'ils n'ont plus aucun contact avec le monde ordinaire dont il fait toujours partie, lui. Cette position, pour inconfortable qu'elle doive être, lui permet de jouer sur tous les tableaux : il peut faire le linguiste et porter des jugements sans appel sur le parler de ceux qui l'entourent, égratigner au passage les professionnels de la langue qui selon lui passent leur temps à rédiger de vains rapports, et peut répondre à qui l'accusera d'écrire des faussetés qu'il n'est pas un spécialiste, mais un humble représentant du peuple.

Dor se défend donc de faire une analyse scientifique dont il ne voit pas la nécessité. Les nombreux exemples de parler québécois dont il émaille son texte ont été glanés ici et là à la télévision, dans la rue ou dans les centres commerciaux. Il dit les avoir retranscrits de mémoire et en avoir enregistré certains autres. Or, ce n'est pas en colligeant au petit bonheur quelques bribes de conversations qu'on obtient des données fiables sur une langue. On dissèque rarement ses émotions devant le comptoir des viandes du supermarché et on parle peu de philosophie kantienne lorsqu'on fait ses courses le samedi matin ; peut-on raisonnablement en conclure à l'incapacité d'un peuple à parler d'autre chose que de l'augmentation du prix de la tomate ? Appliquée à la météo, la méthode Dor permettrait d'affirmer qu'il n'y a plus d'hiver au Québec, à partir du souvenir de quelques jours de pluie en janvier. La seule façon d'obtenir des renseignements précis sur la langue utilisée par un groupe donné est d'effectuer une enquête. On recueille la production linguistique d'un échantillon représentatif de la population étudiée et on analyse systématiquement tous les énoncés recueillis qu'on soumet à un traitement statistique. C'est long, compliqué et nettement moins spectaculaire que la présentation d'exemples frappants recueillis au hasard des circonstances – et retenus par l'observateur plutôt que n'importe quel autre en raison justement de ce caractère frappant.

En outre, les exemples présentés par Dor sont assez perversement transcrits au son, ce qui accentue leur caractère déviant et contribue par là à appuyer son propos. En effet, il ne reste guère de quoi soutenir que les phrases qu'il donne en exemple sont des dérivés incompréhensibles de la langue française une fois qu'on les a dépouillées des artifices orthographiques visant à rendre à l'écrit le son de la langue parlée. Les Québécois, parce qu'ils disent « I sont tallés » et « A sma à rire », ne parlent plus français ? Ils sont ten bonne compagnie avec tous les francophones du monde, qui vont té viennent teux zaussi et disent volontiers « è smé à rire ». Nul ne parle comme il écrit. La graphie et la prononciation ne correspondent pas toujours, tout le monde sait ça. Il est très facile de donner à n'importe quelle phrase française l'allure d'une langue exotique en jouant sur de tels éléments. Dans le contexte d'une démonstration comme celle que tente de faire Dor, c'est juste un peu… malhonnête.

LANGUE ET PENSÉE

L'idée que le langage utilisé par un individu reflète la qualité de sa pensée est ancienne et répandue. Cette idée a servi et sert toujours à hiérarchiser les langues du monde, à les classer en langues primitives ou évoluées. La caractérisation d'une langue comme primitive repose généralement sur l'impossibilité qu'on lui prête à exprimer l'abstraction. Or, il faut bien voir que toutes les communautés, sans exception, manipulent l'abstraction ; dans toutes les communautés, on parle de religion, on utilise le langage pour élaborer des hypothèses, pour réfléchir sur l'origine et le devenir de l'univers. Il est très difficile de prouver que les langues occidentales telles que l'allemand ou le français, par exemple, permettent à la pensée d'atteindre un degré d'abstraction encore plus élevé à partir du seul fait qu'elles disposent d'un grand nombre de termes désignant des réalités abstraites, contrairement aux langues africaines ou amérindiennes.

Le temps verbal n'existe pas dans la langue des Indiens Hopis d'Arizona ; peut-on raisonnablement croire pour autant que les Hopis ne distinguent pas le présent du passé ? Il est également bien connu que certaines langues ne disposent que de deux ou trois termes de base pour désigner l'ensemble des couleurs du spectre. Les Jalés de Nouvelle-Guinée, par exemple, n'en ont que deux : blanc et noir (pâle et foncé). Les Tiv du Nigéria en ont trois : blanc, noir, rouge. Tous les êtres humains étant pareillement « équipés » sur le plan perceptuel, il est évident que les Jalés et les Tiv perçoivent la différence entre le violet et le vert. Mais pour eux, cette distinction est du même ordre que celle que nous percevons entre le bleu ciel et le marine : bien que très différentes, ces deux couleurs entrent pour nous dans la catégorie du bleu. En effet, pour ce qui est de la désignation des couleurs, un terme de base est un terme unique (jaune, vert en sont des exemples), non pas une combinaison de termes (jaune pâle ou vert amande, par exemple) et ne désigne pas une couleur qui manifestement n'est qu'une subdivision d'une autre (écarlate et vermillon sont par exemple des variétés d'une même couleur, le rouge). Ce n'est donc pas parce qu'une langue n'a que deux ou trois termes de base (en français, il y en a une dizaine) que ceux qui la parlent voient le monde en noir et blanc ! Simplement, ces langues recourent à un plus grand nombre de combinaisons de termes (telles que vert sapin) pour rendre compte de l'ensemble des nuances.

Les lacunes apparentes dans une langue ne traduisent donc pas un manque ou une incapacité conceptuelle des individus qui l'utilisent. Il semble bien qu'on puisse exprimer tous les concepts dans toutes les langues, mais au moyen de constructions différentes de l'une à l'autre. L'histoire a montré que lorsque de nouveaux besoins se font sentir dans une communauté, de nouveaux termes sont forgés pour y répondre.

Tout comme les langues du monde, les différentes variétés parlées d'une même langue sont évaluées sur la base de leur prétendue efficacité à exprimer la nuance et l'abstraction. Dans ce cas, la langue primitive, c'est celle du peuple. Le parler des classes populaires n'étant nulle part jugé clair, précis et logique, le peuple lui-même se voit attribuer une pensée confuse, imprécise et illogique. Dor ne dit pas autre chose lorsqu'il affirme que la langue parlée au Québec a tout au plus valeur de réflexe ou d'interjection (ce doit être au Québec que se trouve le chaînon manquant !). Nous sommes un peuple vivant sous le seuil de la débilité ! Les individus ainsi jugés et censément représentatifs de la majorité des Québécois l'ont été, je le rappelle, sur la base de quelques répliques familières échangées dans un centre commercial, en situation très informelle. Comment peut-on affirmer d'un individu qu'il est incapable de s'élever au-dessus des nécessités de la vie quotidienne à partir d'un échantillon aussi réduit de sa production verbale ? Et comment cette production peut-elle être reliée à la pensée ? En quoi le nombre de propositions subordonnées peut-il témoigner de l'aptitude d'un individu à réfléchir ? Et en quoi le fait de dire *on est* au lieu de *ouin* indique-t-il une plus grande habileté conceptuelle ? De nombreuses recherches ont démontré depuis 30 ans que le fameux déficit langagier et donc intellectuel que l'on prête aux classes populaires repose en grande partie sur le refus de percevoir la logique interne de la langue qu'elles parlent – qui est loin d'être déstructurée, comme on le verra – et de tenir compte des rapports sociaux en jeu dans l'exercice de la parole.

CHAPITRE II

LE FRANÇAIS ? QUEL FRANÇAIS ?

Les détracteurs du français québécois sont probablement au courant que toute langue varie dans le temps et dans l'espace tant géographique que social. Mais ils ne semblent pas tirer les conclusions qu'impose cette donnée inhérente au langage et d'une importance fondamentale. Disons-le d'entrée de jeu : LE français n'existe pas. Il existe DES français, correspondant à des époques, des régions et des usages divers. En cette matière, le pluriel est de rigueur.

D'HIER À DEMAIN

Nous vieillissons, les continents dérivent, la langue change. Oh ! imperceptiblement, à l'échelle d'une année le changement est à peine visible, mais sur la durée d'une vie, d'un siècle, le paysage se transforme. Toutes les langues du monde connaissent cette évolution dans le temps (que les contemporains appellent toujours dégénérescence), dont le rythme varie en fonction de divers facteurs : brassages de population, conjoncture politique, etc. Le français, cette langue si-belle-et-si-harmonieuse, vient du latin comme chacun le sait, et avant qu'on s'acharne à défendre sa pureté, il fut longtemps considéré comme du latin mal parlé, du latin vulgaire. Vulgaire, oui, comme le parler des Québécois selon Dor. Il en va du français comme de toutes les langues : on impose ce qu'on conspuait hier et on conspue aujourd'hui ce qu'on imposera demain.

Le changement linguistique étant continu, il est impossible de fixer le moment où notre langue a cessé d'être du latin pour devenir du français. On s'entend par convention à faire commencer l'histoire du français en l'an 842, date de rédaction des *Serments de Strasbourg*, premier texte juridique qui nous soit parvenu en « langue vulgaire ». Par cette déclaration, Charles le Chauve et Louis le Germanique, tous deux fils de Louis le Pieux et petits-fils de Charlemagne, mettaient fin à leurs désaccords et juraient de se prêter assistance.

Mais cette date de naissance n'est jamais qu'un point sur un continuum, le continuum qui existe justement de l'indo-européen, cette langue dont nous savons qu'elle a existé sans qu'aucun fragment nous en soit parvenu, au latin, du latin au français que nous parlons aujourd'hui et de ce français à… la langue qui sera parlée par nos descendants dans quelques siècles. À aucun moment, nous n'avons été privés de langue, puisque selon toute apparence, nous avons à toutes les époques pu exprimer ce que nous avions à dire, que ce soit dans l'une ou l'autre variété de l'indo-européen avancé, du latin débutant ou du français intermédiaire. Et il faut bien aussi admettre qu'à aucun moment nous n'avons été dépourvus de culture, la culture étant constituée de cet ensemble de pratiques, de croyances et de savoirs qui fondent l'appartenance à une communauté donnée, et non pas de ce qui reste quand on a oublié Racine.

D'ICI ET D'AILLEURS[2]

Outre la variation temporelle, la langue est également soumise à la variation dans l'espace : l'expansion géographique, conjuguée au temps, contribue à la différenciation progressive de diverses variétés d'une même langue. Encore là, plusieurs facteurs influencent cette différenciation, dont le contact éventuel avec d'autres langues, le poids démographique et

2. Cette section a été rédigée en collaboration avec Robert Vézina.

économique des communautés en présence, etc. Le français et l'anglais sont des langues qui ont énormément changé depuis le Moyen Âge et qui changent encore beaucoup, notamment parce qu'elles ont été exportées un peu partout avec la colonialisation ; leur implantation sur de nouveaux territoires impliquait une évolution différenciée sur chacun d'eux. Par comparaison, l'islandais est une langue qui change beaucoup moins rapidement. Les Islandais peuvent aujourd'hui sans difficulté lire des textes écrits il y a 500 ans, alors que la plupart des francophones ont du mal à lire Rabelais.

Le français actuel n'est donc pas le français du XVIIIe (cela n'aurait fait de mal à personne de préciser que le changement n'a pas eu lieu qu'au Québec, comme Dor le laisse entendre). On peut le déplorer, y voir le signe de la fin du monde, de la mort de notre culture, cela n'y changera rien. Chaque génération connaît ses annonciateurs de l'apocalypse linguistique, c'est une constante.

Le français, dialecte régional importé entre autres par les immigrants en provenance d'Île-de-France, a connu en Amérique une évolution qui le distingue maintenant des dialectes du français européen, notamment parce que les relations avec la France se sont raréfiées après la Conquête et à cause du contact avec l'anglais. Un grand nombre des immigrants français venus s'établir en Nouvelle-France au XVIIe siècle avaient une langue maternelle autre que le français, qu'il s'agisse de l'auvergnat, du béarnais, du breton, du flamand, etc., autant de *meneu meneu* locaux. Nous ne savons pas toujours jusqu'à quel point différaient ces parlers les uns des autres. À l'époque de la Conquête, l'unification linguistique de la Nouvelle-France en faveur du français était chose faite depuis moins d'un siècle (précisons toutefois que le territoire français ne sera pour sa part unifié sur le plan linguistique qu'au début du XXe siècle). Il est vrai qu'en 1760, le français parlé ici ne contenait pratiquement pas d'anglicismes. Mais il présentait plusieurs traits syntaxiques et phonétiques aujourd'hui considérés par les obsédés du joual comme des signes de dégénérescence. Une phrase telle que : « Il a faulu que j'alle charcher les couvartes du pitit lite dans le garnier » était tout a fait possible dans le français québécois de l'époque.

Les témoignages des contemporains évoquent dès la deuxième moitié du XVIIIe siècle la différence qui séparait déjà le français de la Nouvelle-France du français de la métropole. De toute évidence, l'écart entre la langue parlée par nos compatriotes de l'époque et celle que pratiquait Diderot qui travaillait alors en France à son *Encyclopédie* était aussi grand que celui qui sépare ce que Dor appelle notre *meneu-meneu* de la langue qu'il utilise pour le juger. En quoi le français d'avant la Conquête, dont plusieurs regrettent tant la pureté, était-il plus beau, plus structuré, plus clair que le français d'aujourd'hui ? Et surtout pourquoi la langue parlée au Québec, qui se caractérise justement par la conservation de moult traits du français classique aujourd'hui disparus du français dit standard, peut-elle à ce point choquer ? Étonnantes contradictions, qui ne semblent pas troubler Dor. Si le français parlé par le peuple au XVIIIe trouve grâce aux yeux des nostalgiques et des puristes au détriment de celui d'aujourd'hui, c'est sans doute parce que le parler du XVIIIe... ne se parle plus ; il est irrémédiablement perdu, comme ce toujours bon vieux temps.

DE HAUT EN BAS DE L'ÉCHELLE ET DU SUPERMARCHÉ AU PALAIS DE JUSTICE[3]

La variation sociale est également importante dans toute les langues. L'appartenance à une classe sociale donnée se manifeste entre autres choses par une façon particulière de s'exprimer. Ainsi, le *r* roulé, typique du parler montréalais, était associé au début du siècle à la bourgeoisie : c'était le currré et le notairrre, qui rrroulaient les *rrr*. Cette caractéristique de classe s'est déplacée avec les années et elle est à l'heure actuelle un signe d'appartenance à la classe populaire. Mais attention ! Si le lien entre classe sociale et façon de parler est avéré, ce lien n'est pas celui que croit Dor, qui affirme que les pauvres sont pauvres parce qu'ils ont un langage pauvre. Je le cite : « Mais le peuple, lui, reste pauvre de toutes les pauvretés, la première et la plus pathétique étant cette langue décharnée dont découlent, sinon toutes les autres pauvretés, un grand nombre d'entre elles » (p. 50). C'est la relation de causalité établie entre langage et condition sociale qui est ici

3. Cette section a été rédigée en collaboration avec Jean-François Drolet et Claudine Caouette.

suspecte. Si le langage est un indicateur de l'appartenance à une classe sociale donnée, au même titre que les goûts musicaux, les habitudes alimentaires ou les vêtements, il n'en est pas pour autant la cause ou alors, il suffirait de porter un tailleur pour être banquière.

La question est ici de savoir comment on évalue la richesse ou la pauvreté linguistique et par rapport à quoi. À l'aune des critères que donne Georges Dor de cette pauvreté, Pierre Péladeau serait très certainement jugé indigent. Cette indigence présumée ne semble pas jusqu'à maintenant avoir atteint son jugement, ni l'empêcher de brasser des affaires à l'étranger. Si l'on ne recourt généralement pas à la langue du peuple pour plaider une cause au Palais de justice, ce n'est pas parce que les possibilités d'expression de cette langue sont limitées, mais parce que son emploi serait socialement condamné. La tenue jeans-*sweat shirt* serait jugée inadéquate au bal de l'investiture du Président des États-Unis, mais ne constitue certainement pas un obstacle à la parfaite maîtrise du pas de valse. Le jeans n'est pas moins performant que le pantalon d'habit dans sa fonction de tenir les fesses au chaud. Les deux vêtements ne diffèrent que par leur connotation sociale.

La situation de communication est également un facteur de variation linguistique. Quelle que soit la langue qu'on utilise, on ne parle pas de la même façon devant un auditoire et devant une bière avec les copains. On n'emploie pas le même langage au travail avec son patron et à la maison avec son amoureux. Cela ne constitue un problème pour personne, seul Dor semble regretter que les mots de l'enfance lui reviennent de temps en temps en dépit de tous les efforts qu'il a consentis pour s'en débarrasser ! Nous avons tous la possibilité d'utiliser plusieurs registres de langue appropriés aux diverses situations dans lesquelles nous nous trouvons. Cette compétence est bien illustrée par Dor lui-même. Son fils, à l'âge de 10 ans, enregistre avec des copains les dialogues d'un album de Tintin. La lecture de ces dialogues s'effectue sur un autre ton, avec une autre prononciation que ceux que les enfants utilisent habituellement, prononciation que Dor qualifie de meilleure (p. 72). Il attribue ce changement au fait que les enfants savaient qu'ils allaient se réentendre, ce qui justifiait selon lui l'effort supplémentaire que requiert une « meilleure » prononciation – tout le monde sait qu'il faut se forcer pour bien *perler*. L'anecdote constitue pour lui un argument en faveur d'un appel à l'effort collectif pour une meilleure ar-ti-cu-la-tion. Il faut plutôt y voir la preuve de la polyvalence linguistique de tout sujet parlant, la preuve que le savoir et la compétence linguistiques que Dor veut voir enseignés dans les écoles, les enfants les possèdent déjà jusqu'à un certain point pour ce qui concerne la parole : ils sont capables d'ajuster leur performance en fonction de la situation lorsqu'ils sont placés dans des conditions où ils se sentent à l'aise, ils ont déjà accès à plus d'un registre, comme tout locuteur. Ce n'est pas parce qu'un enfant (ou tout autre individu) utilise rarement un type de structure linguistique qu'il n'en a pas la maîtrise. Un autre exemple ? Les petits enfants, qui sont réputés n'utiliser que le *tu* et ignorer l'usage du *vous*, vouvoient spontanément lorsqu'ils sont engagés dans un jeu de rôle, quand ils jouent au chevalier, à l'explorateur ou à l'épicier, par exemple. Ils savent que dans tel ou tel type de situation, l'usage du *vous* est fréquent. Pour peu qu'on leur ait lu des contes, ils utilisent également le passé simple lorsqu'ils se mettent en position de narrateur, alors que ce temps verbal est pratiquement disparu de la langue parlée.

De la même façon, il est probable qu'un enregistrement des conversations de supermarché d'un ingénieur qui conçoit des Boeing ferait entendre une langue qui choquerait par sa « pauvreté » les oreilles sensibles. Dor, en n'enregistrant que des situations informelles, s'étonne de n'y retrouver qu'un langage informel. S'il avait enregistré des transactions dans un laboratoire de recherche bio-médicale (eh oui, ça existe au Québec, en dépit de notre médiocrité intellectuelle généralisée !) se serait-il montré surpris qu'on y parle de protocoles d'expérimentation ? Qu'on « ne parle pas de la liberté avec le même vocabulaire qu'on emploie pour parler de ses vaches » (p. 20), cela m'apparaît une évidence ; pour entendre le vocabulaire de la liberté, il faut peut-être tout simplement songer à enregistrer autre chose qu'une vente de bétail.

LES VARIÉTÉS CHIC ET LES AUTRES

Dans toute société cohabitent plusieurs variétés de langue, mais celles-ci sont inégalement cotées. Qu'il s'agisse de variation temporelle, spatiale, sociale ou situationnelle, l'idée est fort ancrée, pour ne pas dire unanimement partagée qu'il existe une variété de toute langue qui est LA bonne et la vraie, par rapport à laquelle on juge toutes les autres. Tout écart par rapport à cette variété dite de prestige est sanctionné négativement comme la marque d'une maîtrise insuffisante de la langue. Ceux qui parlent autrement, parlent mal. Mal parler, c'est donc ne pas utiliser la bonne variété de langue. Comme par hasard, la variété de prestige de toutes les langues est toujours celle du pouvoir. Plus exactement, la variété de langue qu'utilise le groupe le plus influent s'impose comme « standard » à l'ensemble des locuteurs de cette langue. On peut donc dire qu'en gros, ce n'est pas parce qu'on parle bien qu'on a une belle situation, mais parce qu'on a une belle situation qu'on parle bien. La langue de la bourgeoisie est forcément belle et riche, du fait que ce sont les gens importants qui la parlent. Inversement, la langue du peuple, dans toutes les communautés, est toujours considérée comme pauvre et grossière. Partout on considère que le raffinement est un luxe inconnu de l'ouvrier, cet être « invariable », et que la vulgarité lui revient sans partage. Depuis toujours, au Québec comme en France, aux États-Unis et très certainement au Japon quoi qu'en pense Dor, il ne manque pas de bonnes âmes pour proclamer que la langue court un grand danger dans la bouche du peuple, ce massacreur de grammaire.

De nombreuses études ont montré que nous avons tendance à associer des attitudes ou des traits de caractère aux différentes variétés de langue : les individus qui parlent la variété prestigieuse sont jugés plus intelligents, plus sérieux, plus fins et plus compétents que ceux qui ont un parler associé aux classes populaires. La perception d'une ou l'autre variété de langue est remarquablement homogène et constante dans une communauté donnée. On la fait apparaître à l'aide de tests dont le plus connu est sans doute celui dit « des faux couples ». On présente à un certain nombre de sujets des enregistrements de deux voix, l'une s'exprimant dans une variété prestigieuse (le français utilisé par Denise Bombardier, par exemple) et l'autre dans une variété non prestigieuse d'une langue donnée (disons le français que décrit Georges Dor dans son ouvrage). Les sujets de l'expérience doivent évaluer chaque voix en lui attribuant une position sur une échelle qualitative allant par exemple de « non intelligent » à « très intelligent », de « antipathique » à « sympathique », etc. Or, c'est un même individu qui utilise alternativement les deux variétés de langue testées, d'où l'appellation de faux couple. Ces études ont systématiquement démontré que le français québécois était évalué négativement par l'ensemble des Québécois eux-mêmes, qui s'entendent sur ce plan avec plusieurs de leurs compatriotes anglophones. Nous sommes persuadés d'utiliser une langue déficiente. Si les ouvrages sur la pauvreté du français québécois ont tant de succès, c'est que leurs auteurs prêchent d'innombrables convaincus. Des études semblables menées par le sociolinguiste William Labov ont montré que les New Yorkais évaluent eux aussi très négativement leur propre façon de parler. Les membres de la petite bourgeoisie québécoise et new yorkaise ont ceci en commun qu'ils rougissent de plaisir lorsqu'un étranger leur fait remarquer qu'ils n'ont pas beaucoup l'accent de chez eux. Dans le monde hispanophone, les Chiliens affirment à qui veut l'entendre qu'ils ont un accent épouvantable, alors que les Mexicains ne font guère de cas du leur et que les Argentins, qui font apparemment un usage assez particulier de la grammaire, sont très fiers de leur espagnol. Toutes les communautés véhiculent de tels jugements sur leur langue. Ces jugements ne reposent pas sur des caractéristiques objectives de la langue en question. C'est un peu comme l'estime de soi : le fait de s'aimer un peu, beaucoup ou pas du tout n'a pas vraiment de rapport avec le fait d'être aimable – si tant est que l'amabilité puisse être évaluée objectivement. Ce que révèlent les jugements sur la langue, c'est jusqu'à un certain point « l'estime collective de soi ». À partir de là, il peut être intéressant de réfléchir à la signification de la conception négative qu'ont les Québécois de leur langue.

En fait, nombreux sont ceux qui croient que l'idéal serait de parler comme on écrit. La langue parlée est généralement perçue comme une version abâtardie de la langue écrite. En réalité, langue écrite et langue orale diffèrent l'une de l'autre parce qu'elles constituent des canaux de communication différents qui répondent à des besoins différents. La langue orale est forcément moins précise et moins explicite que la langue écrite. Pourquoi le serait-elle autant, puisque les partenaires d'une conversation ont tout le loisir de demander précisions et explications lorsqu'elles sont jugées nécessaires ? Dans la communication orale, la parole est peut-être le principal véhicule d'information, mais certainement pas le seul : elle est relayée par le geste, l'expression, l'intonation, le contexte, etc. ; dans la communication écrite, la totalité de l'information passe par le langage, d'où la nécessité d'être plus explicite. La parole est aussi plus redondante que l'écrit, et forcément plus hésitante. L'auditeur ne peut faire « rembobiner » une parole alors que le lecteur peut revenir à la page précédente d'un texte ; aussi l'information ne peut-elle être entièrement saisie que si elle est répétée plus d'une fois. Quant à l'hésitation, elle est la marque de l'élaboration tangible, audible du discours – élaboration gommée à l'écrit. La parole est un brouillon qui s'exhibe, contrairement au texte écrit, dont nous n'avons toujours que la version finale. Pour toutes ces raisons, ce que nous considérons comme des imperfections de la langue parlée est en fait lié au mode de transmission que représente la parole, qui implique, contrairement à l'écrit, un rapport immédiat entre l'émetteur et le récepteur d'un message.

Dor le fait remarquer : « le parler joual n'est pas uniforme » (p. 40). C'est là une observation très juste, dont la formulation laisse toutefois entendre que seul le joual possède cette caractéristique pourtant universelle. Le français tout court (et pas seulement le français québécois), le swahili, l'hébreu, le japonais ou le portugais ne sont en effet pas plus uniformes. L'uniformité linguistique n'existe pas ailleurs que dans les pages des grammaires, c'est une illusion due à la prégnance du code écrit dans nos civilisations. Le manque d'uniformité est justement la marque du système dynamique, en constante évolution, que représente toute langue.

En fait, on peut *grosso modo* définir la langue comme un système de règles d'agencement de différents sons en mots, de mots en phrases et de phrases en discours. Il est évident qu'il faut un degré de consensus élevé, parmi les utilisateurs d'une langue, sur cet ensemble de règles à observer – sans quoi l'intercompréhension ne pourrait être assurée. On ne peut y aller de ses propres règles si l'on veut communiquer avec ses semblables. La variation, on l'a vu, est cependant au cœur de la langue, elle en est constitutive à tous les niveaux et ne peut être réduite à un manque de maîtrise de la part d'un groupe d'utilisateurs d'une langue. Il existe à tout moment et à tous les niveaux de la langue – syntaxe, phonétique, lexique, discours – plusieurs façons de dire la même chose, plusieurs manières de communiquer un même contenu. Prendre pleinement conscience de l'existence de la variation, c'est admettre la coexistence permanente de plusieurs variétés d'une même langue. Mais plus encore, c'est prendre conscience que chaque locuteur a de sa langue une pratique éminemment variable. Cela implique l'abandon d'une vision statique de la langue, qui oppose les parlers de groupes sociaux, nationaux ou générationnels différents de façon catégorique (les ouvriers disent *vwèr,* les bourgeois disent *voir,* les Québécois disent *bonjour,* les Français disent *au revoir,* les jeunes ne vouvoient pas, les vieux vouvoient, etc.). Il n'existe aucune constance absolue dans l'usage de quelque individu de quelque groupe que ce soit. Aucune mère de famille ne dit toujours *gad là* ! à son enfant et Denise Bombardier elle-même, comme tous les francophones, dit fréquemment *tab.* Si le joual manque d'uniformité, ce n'est pas parce qu'aucune règle ne régit son emploi, mais parce que les diverses variétés de français québécois, de la plus prestigieuse à la plus stigmatisée, s'inscrivent sur un continuum et s'interpénètrent.

LES NIVEAUX DE LANGUE : LES MARCHES DE L'ESCALIER[4]

Par définition, un niveau n'existe qu'en relation avec d'autres niveaux qui se situent plus haut ou plus bas. Lorsqu'on parle de « niveaux » de langue, on fait appel à une image : chaque niveau de langue constituerait une marche d'un escalier qu'on monte ou qu'on descend, le barreau d'une échelle qu'on escalade ou qu'on dégringole. Les marches sont plus ou moins distantes les unes des autres, la pente est plus ou moins abrupte.

La métaphore de l'escalier laisse entendre que le meilleur est en haut et le pire, en bas (comme toutes les images qui font appel à la verticalité : l'enfer est forcément en bas et le paradis, en haut). Elle donne à voir les niveaux de langue comme des unités parfaitement délimitées et sans rapport les unes avec les autres. Au bas de l'échelle, les niveaux sont qualifiés de familier, vulgaire, populaire ; au centre, de courant, de neutre ; vers le haut, de littéraire, de recherché, de soigné. Plus on monte, plus on est propre, plus on est distingué.

4. Cette section a été rédigée par Diane Vincent.

Cette métaphore est tellement ancrée dans les croyances qu'on oublie que c'en est une. Une image traduit une façon de voir la réalité plus que la réalité elle-même. Dans la réalité, aucune langue ne peut être formellement divisée en niveaux. Le seul classement que l'on peut faire – et encore – ne touche que quelques-unes des unités qui la composent.

Un énoncé tel que *A n a braillé eune shot* (transcription plus conforme à la réalité que celle de Dor), même produit en contexte avec d'autres du même type, ne peut pas être analysé comme relevant d'un seul niveau – populaire ou même vulgaire en l'occurrence. En effet, si la prononciation et les deux mots à contenu (*braillé* et *shot*) de cet énoncé s'éloignent de la norme, sa syntaxe est pour sa part très neutre : sujet (pronominal), pronom adverbial, verbe (au passé composé) et complément adverbial.

Qu'est-ce à dire ? Tout simplement que l'image des niveaux de langue est une image déformante, parce qu'aucune phrase n'est constituée que d'éléments relevant d'un seul niveau. Si on tient absolument à la métaphore de la verticalité, il faut se représenter chaque locuteur comme une pieuvre assise au milieu de l'escalier, baladant ses tentacules sur toutes les marches, avec une concentration plus ou moins grande dans un sens ou dans l'autre suivant les situations.

Afin d'éviter les effets pervers de l'image de l'escalier, les sociolinguistes utilisent le terme *variété* plutôt que *niveau*, le premier évoquant l'idée de modulation, de choix et d'alternance. La variété standard (ou langue standard) est la langue qu'on écrit en se conformant aux prescriptions des grammaires, et celle que l'on parle « sous surveillance », reconnue par l'ensemble de la communauté comme proche de la langue écrite et adéquate dans les situations les plus formelles. La variété standard correspond à la norme. La langue ordinaire, celle que l'on parle tous les jours avec ses pairs, faite de notre accent, de nos mots et de nos tournures les plus habituels, est qualifiée de vernaculaire ou de populaire, ce terme étant pris dans son sens le plus large, c'est-à-dire ce qui appartient à l'ensemble de la communauté et non pas seulement à la classe ouvrière. En effet, les tournures dites populaires (au sens étroit de classe populaire) sont loin de lui être exclusives et sont en fait utilisées par tout le monde. Lorsque ces accents, ces mots et ces tournures ne sont pas répertoriés dans les grammaires ou dans les dictionnaires, ils sont tout simplement qualifiés de non standard. Le vernaculaire (ou le populaire) correspond à la variété qu'on utilise sans aucune autosurveillance ou autocensure, et qui permet à tous les individus de s'attarder au fond des choses ou aux banalités de la vie quotidienne sans se préoccuper de la forme. On est entre amis… Ce qui varie selon les « groupes d'amis », c'est la fréquence d'utilisation des formes non standard.

LES QUÉBÉCOIS PARLENT-ILS JOUAL ?[5]

Qui peut dire exactement ce qu'est le joual, de tout temps terme vague, tantôt valise où l'on fourre tout ce qui de près ou de loin ressemble à un écart par rapport à la norme, tantôt étiquette associée à un quartier de Montréal ? Du point de vue linguistique, aucune définition précise n'a jamais réussi à s'imposer. Ce qui est joual pour les uns n'en est pas nécessairement pour les autres. À peu près tout ce qui est perçu comme caractéristique du registre populaire du français québécois a été considéré comme tel. Cela est surtout vrai des anglicismes, mais également des traits de prononciation et des tournures syntaxiques consi-

5. Cette section a été rédigée par Robert Vézina.

dérées comme fautives, en plus de tout ce qui relève du vulgaire, du juron, etc. On s'entend assez généralement pour voir dans le joual un sociolecte, c'est-à-dire une variété de français, plutôt urbaine, parlée par la classe ouvrière (d'où son caractère potentiellement subversif dans une perspective de lutte de classe, ce qui explique en partie que le joual ait été un cheval de bataille dans les années soixante-dix). Cependant, certains ont aussi parlé de joual rural – généralement les Montréalais de la classe ouvrière eux-mêmes, tant il est vrai que le locuteur du joual est forcément « l'autre » ! Enfin pour d'aucuns, comme Dor, il semble que seul le français des plus hautes élites québécoises n'en soit pas (p. 13-14). Cette confusion autour du terme trahit sans doute la confusion qui règne autour de la notion même de français, voire de langue, et de variété de langue.

Constater que le français parlé au Québec est différent de celui qu'on parle en France, par exemple, est une chose, encore faut-il comparer ce qui est comparable : les mêmes variétés de langues, les mêmes registres, la langue parlée avec la langue parlée, etc. N'envisager le français hexagonal qu'à travers le bon usage parisien et les réalisations écrites classiques, comme celles qu'on enseigne à l'école, est extrêmement réducteur, étant donné les grandes variations régionales et sociales que connaît cette langue en France. Il est tout aussi réducteur de n'envisager le français québécois qu'à travers le parler des ouvriers montréalais.

CE QUI CHANGE ET À QUELLE VITESSE

Nous ne parlons pas tout à fait comme nos grands-parents et nos enfants ne parlent pas tout à fait comme nous. Ce que nous considérons comme un état stable, la langue consignée dans les dictionnaires et les grammaires, n'est en fait qu'un instantané, l'interruption artificielle d'un mouvement continu. Le changement affecte toutes les composantes de la langue : les sons, les mots, la syntaxe, la morphologie. Tout ne change cependant pas au même rythme. Le vocabulaire est probablement la composante linguistique la plus perméable au changement, et la plus apparente. De nouveaux objets ne cessent d'apparaître qu'il faut nommer, d'autres disparaissent de l'usage – avec le mot qui les désigne – et d'une génération à l'autre, le stock de vocables disponibles se transforme notablement. Lorsqu'on parle d'influence d'une langue sur une autre, c'est d'abord et avant tout du vocabulaire qu'il s'agit. Le français (et pas seulement québécois) fait actuellement de nombreux emprunts à l'anglais, tout comme il en a fait par le passé à l'italien ; on oublie très souvent que l'anglais a aussi fait des emprunts massifs au français, notamment à l'époque de l'invasion de l'Angleterre par les Normands, et qu'il a même emprunté des mots au français canadien (*prairie* et *butte*, par exemple). Toute langue a la capacité de « digérer » ces emprunts, qui n'affectent que sa « surface », pour les intégrer à sa dynamique propre. Ceux qui en font une maladie sont les Howard Hughes de la langue, convaincus que leur fragile organisme est à la merci de la moindre bactérie qui traîne sur une poignée de porte.

La syntaxe est ce qui bouge le plus lentement (avec la prononciation des sons). Elle constitue vraiment le noyau dur de la langue. Pour le français, par exemple, l'ordre moderne des mots dans la phrase (sujet-verbe-complément) ne s'est fixé qu'au XVIe siècle ; il aura fallu environ 1 000 ans d'évolution linguistique pour en arriver là à partir du latin, langue à déclinaison où la fonction des mots dans la phrase n'est pas indiquée par leur position les uns par rapport aux autres, mais par leur terminaison. Pour que la syntaxe d'une langue influence notablement celle d'une autre, il faut des siècles de contact très étroit entre elles.

Nous ignorons encore beaucoup de choses sur les facteurs du changement et surtout ce qui le motive. La langue nous paraît immobile parce que le jeu des différentes forces qui la contraignent à changer nous est imperceptible. Mais ces forces sont à l'œuvre et transforment les langues peu à peu, de façon continue. C'est l'ensemble des usages qui fait que la langue change, c'est la parole qui modifie la langue. Lorsque l'usage de tel ou tel élément linguistique se généralise, cet élément entre parfois dans le « bon usage » et finit par constituer la norme.

On peut donner l'exemple de l'évolution de la négation en français. Au XVe siècle, la négation était marquée par le seul élément *ne* ; on disait « Elle *ne* boit », « il *ne* marche ». Pour donner plus de force expressive à leur discours, les locuteurs ajoutaient souvent à la négation un élément évoquant une quantité négligeable, pour faire image : « Elle ne boit *goutte* », « il ne marche *pas* (au sens concret d'enjambée), *point* ou *mie* (miette) ». Avec le temps, les éléments *point* et plus encore *pas* (qui a finalement supplanté *point*) ont commencé à être de plus en plus utilisés à cette fin. L'usage se généralisant, la dimension expressive de cet ajout au marqueur de négation *ne* s'est perdue (tout comme s'est perdue la perception d'une métaphore dans le *pied* d'une table), de telle sorte qu'aujourd'hui, nous ne voyons plus la moindre enjambée dans le *pas* de la négation. Ce qui n'était au départ qu'une image relevant de l'usage expressif individuel s'est figé et fixé pour devenir LA façon d'exprimer la négation en français, celle que toute grammaire du français donne comme étant la seule correcte. Or, l'utilisation d'un double marqueur de négation (*ne* et *pas*) n'est guère économique et constitue une inutile redondance. On sait qu'à l'oral, dans toute la francophonie, le *ne* de la négation tend à être omis au profit du seul *pas*, sauf dans les situations très formelles. Il est possible que dans un avenir indéterminé, cet usage se répande au point que le *ne* disparaisse des grammaires pour aller rejoindre le *goutte* et le *point* au rayon des archaïsmes. Le *ne* ne serait alors plus utilisé que pour donner un effet stylistique particulier, comme c'est le cas du *point,* qui fait très littéraire.

La constance du changement ne touche pas tous les éléments linguistiques simultanément. Sur un plan donné, syntaxe ou phonétique par exemple, tous les éléments ne sont pas non plus concernés à la fois. Dire que les systèmes linguistiques ne sont pas figés signifie que pour un élément linguistique quelconque en changement – qu'il s'agisse d'une tournure, d'un son, d'un mot – il existe pendant un certain temps au moins deux règles concurrentes d'utilisation. Les locuteurs ont donc le choix entre deux ou plusieurs réalisations de l'élément en question, choix qui s'effectuera plus ou moins consciemment en fonction des situations. Qui dit changement dit donc alternance. À mesure qu'un changement se répand, la règle la plus récente tend à être de plus en plus utilisée au détriment de la règle ancienne pour éventuellement la supplanter, mais l'alternance peut se maintenir pendant des siècles.

Pour reprendre l'exemple de la négation en français, on pourrait dire qu'actuellement, dans toute la francophonie, les deux règles concurrentes, en ce qui concerne cet élément, sont les suivantes :

1. *ne* [élément sur lequel porte la négation] *pas*. Exemple : « Je *ne* parle *pas* ».
2. [élément sur lequel porte la négation] *pas*. Exemple : « Je parle *pas* ».

La règle n° 1 constitue la norme et prévaut à l'écrit ; à l'oral, la règle n° 2 s'applique plus souvent, suivant les individus et les contextes, les situations formelles favorisant jusqu'à un certain point le recours à la règle n° 1. Si, un jour, la règle n° 2 en vient à être utilisée dans tous les cas, on considérera que le changement en cours est achevé.

Que l'une ou l'autre règle s'applique, il est important de noter qu'il y a toujours règle : aucun locuteur d'aucune variété de langue n'a la possibilité de parler n'importe comment (sauf de façon très temporaire). Un mot comme *voir*, au Québec, peut être prononcé *vwar, vwèr* ou *wèr,* mais en aucun cas *vwir* ou *vor*. Ces deux dernières variantes et plusieurs autres seraient possibles s'il était exact que le joual n'obéit à aucune règle. Chaque règle possède sa justification, est explicable ; chacune des réalisations possibles du mot *voir* est la résultante d'un héritage historique précis et correspond à un stade donné de l'évolution du système linguistique. On peut donc juger telle ou telle réalisation plus belle, plus élégante, ou plus ou moins appropriée dans tel ou tel contexte, c'est une affaire de valeurs et Dieu sait qu'elles comptent. Mais déclarer une réalisation logique, normale ou correcte et considérer l'autre comme de la « non-langue » n'a aucun sens, à moins de refuser d'admettre que la langue, comme ceux qui la parlent, est vivante et, de ce fait, en constante évolution.

L'écriture contribue à fixer l'orthographe et la grammaire. Avec l'imprimerie est venue l'uniformisation du français, ce qui fait qu'aujourd'hui l'écart entre langue parlée et langue écrite s'accentue, parce que la norme de la langue écrite ralentit le mouvement de la langue parlée. L'institutionnalisation d'une langue est garante jusqu'à un certain point de sa durée parce qu'elle contribue à freiner une évolution qui peut être échevelée. Mais elle est également dangereuse, parce qu'elle comporte toujours le risque de stérilisation de la langue. Une langue écrite complètement figée s'éloigne de plus en plus d'une langue parlée qui ne cesse d'évoluer ; la langue écrite devient alors une langue littéraire que seuls les gens très instruits connaissent et que la langue nouvelle finit par supplanter, comme le français a supplanté le latin. Il faut donc se méfier d'une grammaire qui serait totalement imperméable aux usages et surtout se rappeler que la grammaire est toujours en retard sur ceux-ci. Quel que soit le contrôle que l'on exerce ou que l'on tente d'exercer sur une langue, il ne faut jamais perdre de vue que celle-ci est animée d'une vie propre, dont on ne peut infléchir le cours que jusqu'à un certain point.

CHAPITRE III

GRANDS ET PETITS AVOIRS LEXICAUX : LA RICHESSE DU VOCABULAIRE

Le lexique, on l'a dit, constitue la composante la plus mobile de la langue. Cela ne veut évidemment pas dire que tous les mots changent tout le temps. En réalité, la partie véritablement mobile du vocabulaire n'en constitue qu'un faible pourcentage, mais il est vrai qu'un mot peut apparaître ou disparaître très vite : les mots de la grand-mère ne sont pas tout à fait ceux des petits-enfants. C'est un lieu commun d'affirmer que les Québécois, et plus particulièrement les jeunes Québécois, ont un vocabulaire pauvre – Dor avance le chiffre approximatif de 300 mots (qui vient d'on ne sait où).

Il donne pour preuve de notre pauvreté lexicale collective la grande polysémie du mot *pogner* en français québécois. Comme le montrent les exemples qu'il en fournit, les sens de *pogner* sont en effet très nombreux, moins nombreux toutefois que ceux du verbe *prendre*, que Dor ne mentionne pas et qui est l'un des mots les plus utilisés de la langue française. Au

Québec, *pogner* est à *prendre* ce qu'en France *piger* est à *comprendre*. Les deux termes de chaque paire signifient la même chose (en partie), mais n'apparaissent pas dans les mêmes contextes, *pogner* et *piger* s'employant davantage en situation informelle. Les mots de la langue populaire de France sont répertoriés dans le *Robert* ou le *Larousse*, qui constituent une référence pour tous les francophones ; les mots de la langue populaire du Québec, dont *pogner* fait partie, sont répertoriés pour leur part dans le *Dictionnaire québécois d'aujourd'hui* et dans le *Dictionnaire du français plus*, mais ces ouvrages ne se sont pas imposés comme une référence pour les Québécois qui continuent de leur préférer les dictionnaires français. C'est sans doute la raison pour laquelle *pogner* ne semble toujours pas considéré comme un « vrai » mot par tous ceux qui ne jurent que par le dictionnaire et ne croient pas qu'il suffise pour un mot d'être dit, même par des milliers de gens, pour exister.

La polysémie est l'extension du nombre de significations d'un mot. C'est un phénomène répandu dans toutes les langues, qui témoigne de l'évolution à laquelle celles-ci sont inévitablement soumises. La polysémie est liée à la fréquence d'utilisation d'un terme : plus un terme est utilisé, plus il a de chances d'acquérir de nouveaux sens. Cela n'a rien à voir avec la richesse ou la pauvreté du vocabulaire d'un individu. En effet, le *Petit Robert* donne 40 sens différents aux verbes *prendre* et *faire,* 38 au verbe *mettre,* 23 au substantif *table.* Laisser entendre que les Québécois ont le monopole de la polysémie n'est pas seulement ridicule, c'est pervers.

Qui prend la peine de se renseigner un peu sur la question au lieu de se contenter d'une collecte d'impressions, peut apprendre que dès 1969, des enquêtes ont été menées (notamment par Michel Pagé et, un peu plus tard, par Guy Labelle) auprès d'échantillons représentatifs d'enfants montréalais pour évaluer leur performance langagière. Ces études ont révélé que, pour ce qui est du lexique, la langue des jeunes Montréalais de 5 à 7 ans ne présente aucun écart majeur par rapport à la norme que représente le français écrit codifié dans les grammaires et les dictionnaires ; par ailleurs, les anglicismes ne comptaient que pour environ 1 % de l'ensemble des termes utilisés. Il est peu probable que l'écart entre la langue parlée et le français standard se soit creusé depuis.

CONNAÎTRE BEAUCOUP DE MOTS, MAIS PAS N'IMPORTE LESQUELS

Avoir un vocabulaire étendu, c'est connaître beaucoup de mots. Mais voilà, quels mots ? Les mots, on le sait, sont porteurs de valeurs et sur ce plan sont inégaux : il y a les beaux et les pas beaux, ceux du dictionnaire et les autres, ceux qui comptent et ceux qui ne comptent pas. Il est peut-être important de rappeler qu'un dictionnaire, quel qu'il soit, ne constitue qu'un sous-ensemble de dimension variable de l'ensemble total et nécessairement flou, c'est-à-dire impossible à dénombrer, des mots d'une langue. Chaque nouvelle édition du *Larousse* ou du *Robert,* limitée à un nombre préalablement défini d'entrées, connaît une certaine quantité d'ajouts compensés par autant de retraits ; les mots nouveaux ainsi promus se disaient, bien sûr, avant leur reconnaissance officielle par les rédacteurs du dictionnaire, et les mots relégués aux oubliettes ne sont pas pour autant complètement sortis de l'usage. En outre, pour toutes sortes de raisons, bienséance, idéologie, poids politique et culturel d'une communauté, etc., de nombreux vocables n'entreront jamais dans le dictionnaire en dépit de leur fréquence d'utilisation.

Comment mesure-t-on l'étendue du vocabulaire d'un individu ? S'agit-il de vérifier la compréhension d'une liste de termes considérés, sur la base de critères *x* et *y* rarement explicités, comme devant faire partie du vocabulaire de « l'honnête homme » ? Ou de compter le nombre de vocables différents utilisés dans un laps donné de temps de parole ? Toute la question est de savoir ce qu'on considère comme un terme acceptable. Celui qui utilise 22 formes différentes de sacres sera-t-il réputé aussi riche sur le plan lexical que celui qui utilise 22 synonymes du verbe *parler* ? Poser la question, c'est y répondre. Pour ce qui est du vocabulaire spécialisé, que chacun acquiert dans son milieu professionnel ou par la pratique d'activités particulières, le discours du médecin et celui du mécanicien sont également peu intelligibles. Ni l'*ostéoclasie* ni le *rapport volumétrique* ne font partie du vocabulaire courant de la majeure partie de la population. Il y a fort à parier que le premier de ces termes impressionne davantage que le second, mais pour des raisons tout à fait étrangères à la linguistique. Les « grands » mots du médecin font toujours plus « savant » que ceux du garagiste, qu'on ne qualifie justement pas de « grands ». Tout ça pour dire que l'évaluation du vocabulaire repose très souvent sur un jugement qualitatif à priori des mots utilisés, au détriment d'une évaluation objective de l'étendue du registre lexical. Cette étendue est d'autant plus difficile à apprécier qu'il existe également une différence entre compétence active et compétence passive sur le plan du lexique : il y a en effet les mots que l'on dit, et ceux que l'on connaît sans guère les utiliser. On utilise rarement le mot *azur* pour parler du ciel, cela ne gêne pas plus la lecture des publicités d'agence de voyage que celle des poèmes de Nelligan.

Une des rares études dénuées de jugement de valeur et d'états d'âme sur le sujet (de D. Sankoff et R. Lessard) a montré que seuls le niveau d'éducation et l'âge influencent l'étendue du vocabulaire (définie comme le nombre de mots différents par rapport au nombre total de mots utilisés dans un laps de temps donné). Entre un individu faiblement scolarisé et un autre, du même âge, qui a poursuivi ses études, le nombre de mots utilisés dans le même laps de temps peut varier du simple au quintuple. L'acquisition de mots nouveaux est liée par ailleurs aux diverses activités exercées au cours de l'existence, chacune comportant son vocabulaire spécifique. L'importance du facteur âge permet de conclure que le lexique est la seule composante de la langue dont l'acquisition se poursuit pendant la plus grande partie de la vie. Sur ce plan, effectivement, les jeunes sont plus pauvres que leurs aînés, tout simplement parce que leur expérience est moins longue et moins variée.

Il résulte de cette étude que deux enfants du même âge, au même stade de leur scolarisation, ont un vocabulaire d'étendue comparable peu importe leur milieu social, résultat qui va à l'encontre d'une opinion fermement ancrée, mais pour s'en rendre compte, il faut accepter que tous les mots comptent, sans exclusion de certains d'entre eux. Les mots n'ont pas tous la même valeur sociale – on en revient aux jeans et aux *sweat shirts* –, c'est évident, mais cela n'a rien à voir avec la langue. Sur cette question, c'est l'opinion commune qui est embrouillée, plus que le langage des Québécois.

CHAPITRE IV

LA SYNTAXE, COLONNE VERTÉBRALE DE LA LANGUE. LE FRANÇAIS QUÉBÉCOIS SOUFFRE-T-IL DE SCOLIOSE ?[6]

« Ma dumorale ferdant donc une pouette de péa près. » Cette phrase, tirée d'un ouvrage d'André R. Lecours et François Lhermitte, est un exemple du discours tenu par une victime de l'aphasie de Wernicke. C'est un cas typique de production langagière déstructurée. Une lésion dans une zone de l'hémisphère gauche du cerveau rend son auteur incapable de produire des énoncés sensés. La personne aphasique a perdu la maîtrise des règles syntaxiques et des règles de formation des mots de sa langue maternelle ; elle produit un discours plus ou moins désarticulé et incompréhensible. La communication de cette personne avec ses semblables est sinon impossible, du moins très difficile.

6. Cette section a été rédigée en collaboration avec Robert Vézina.

Le Québécois qui dit : « A n a braillé eune shot » parle-t-il une langue désarticulée et incompréhensible ? Apparemment non, puisque environ six millions de ses compatriotes décodent cet énoncé sans effort, du moins lorsqu'ils l'entendent. Si la langue parlée au Québec était aussi invertébrée que Dor le prétend, il n'y aurait aucune communication possible des Québécois entre eux et avec d'autres francophones du monde, le Québec serait la patrie d'une infortunée multitude d'aphasiques.

La syntaxe et la prononciation sont deux choses bien différentes. Le *Robert* définit la syntaxe, colonne vertébrale de la langue, comme l'ensemble des « règles qui président à l'ordre des mots et à la construction des phrases ». Quelle que soit la façon dont je prononce « mon boss veut me voir », la syntaxe de la phrase reste la même : sujet-verbe-objet. C'est une syntaxe tout à fait française, l'utilisation de *boss* au lieu de *patron* relevant du vocabulaire et non des règles de combinaison des mots. Il en va de même pour une phrase telle que *A n a braillé eune shot*. Cette phrase n'est pas standard, mais, comme on l'a vu, ce n'est pas la syntaxe qui est en cause.

Éliminons les particularités phonétiques du français québécois, qui feront l'objet d'une section à part. Restent quelques constructions syntaxiques qui amènent fréquemment les émules du Frère Untel à parler du français québécois comme d'un créole, notamment l'interrogation en *tu* (« Il prend *tu* l'autobus ? »), l'emploi généralisé du relatif *que* dans la construction des subordonnées (« le livre que tu me parles »), au détriment d'autres formes telles que *où, dont, auquel,* etc. et l'utilisation de tournures telles que « il sort avec ».

IL PART *TU* OU IL PART PAS ?

On peut s'interroger de plusieurs façons en français. Pour l'interrogation globale, c'est-à-dire celle qui appelle une réponse par *oui* ou par *non*, il y a en français standard deux possibilités :

part-il ?
(ou, si le sujet n'est pas un pronom personnel, ou *ce,* ou *on* : *ton père* (par exemple) *part-il ?*)
est-ce qu'il part ?

Dans la langue parlée, on peut toujours ne marquer l'interrogation qu'en donnant une intonation montante à une phrase affirmative :

Il part ?

En français populaire, il existe également une autre forme :

il part tu ?

Pour ceux qui se posaient la question, cette dernière n'est pas particulière au Québec.

Selon les historiens de la langue Brunot et Bruneau, en ancien français (c'est-à-dire le français parlé au cours de la période qui va du IXᵉ à la fin du XIIIᵉ siècle), l'interrogation était marquée par l'inversion du sujet (quel qu'il soit, pronom ou substantif) ; on disait :

« est ele morte ? »
« part ta mère ? ».

L'interrogation en *est-ce que* : (« *est-ce qu'*elle est morte ? ») est apparue au XVᵉ siècle. La locution provient de la tournure « est *ce* vrai que ? » (« est *cela* vrai que ? »). Cette tournure ne s'employait au départ que dans les contextes où on voulait renforcer l'interrogation, mais son emploi s'est avec le temps généralisé, ce qui a entraîné la perte de cette idée de renforcement – la perte du caractère expressif ou stylistiquement marqué d'une forme linguistique particulière est très souvent la conséquence d'une fréquence élevée de son emploi. Jusqu'à l'époque moderne, l'interrogation en *est-ce que* a été jugée assez sévèrement. C'était mal parler que de dire : « est-ce qu'il parle bien ? ».

Ouvrons une parenthèse pour signaler que parallèlement à *est-ce que*, et à la même époque, est apparue l'interrogation en *c'est que*, qu'on trouve dans des exemples tels que :

« pour qui *c'est que* vous me prenez ? »

Cette forme d'interrogation aujourd'hui considérée comme une faute dans les grammaires a survécu dans la langue parlée.

C'est au XVe siècle également qu'apparaît l'interrogation en *ti (t-il)*, comme dans l'exemple suivant, tiré d'une pièce de théâtre de l'époque :

« c'est-*i(l)* sus cette ânesse-là ? ».

La prononciation *i* de *il* avait commencé à se répandre au cours de la période du moyen français, soit entre le XIIIe et le XVe siècles (c'est la raison pour laquelle le *l* est entre parenthèses dans l'exemple). Dans ce genre de phrase, *il* ne joue pas son rôle habituel de pronom, mais devient une simple particule interrogative. C'est encore une fois l'expressivité qui est à l'origine de cette tournure. Lorsqu'on voulait donner plus de force expressive à une interrogation comme « part ton père ? », on disait : « ton père, part-il ? ». C'est de cette interrogation renforcée, qui s'était généralisée, que vient le *ti* interrogatif. *Ti* a connu par la suite une expansion à toutes les personnes grammaticales (« il part *ti* ? », « vous partez *ti ?* », « je pars *ti* ? »), à tel point que Bauche, décrivant dans les années vingt le français populaire de Paris, évoquait la possibilité que cette particule interrogative puisse un jour devenir la norme !

L'histoire de l'interrogation en français montre que la tendance évolutive a toujours été à la conservation ou au rétablissement de l'ordre sujet-verbe, inversé dans la forme ancienne « part ta mère ? ». Cet ordre, qui est celui des phrases affirmatives, nous est plus habituel et l'usage de *est-ce que* ou de la particule interrogative *ti* permet de le conserver.

Au Québec comme ailleurs dans la francophonie, toutes les formes de l'interrogation coexistent. L'usage québécois se distingue par une fréquence très élevée de l'interrogation en *ti*, devenue *tu* dans la plupart des cas (suivant les régions et les générations). Selon le phonéticien Denis Dumas, ce changement est peut-être dû à la grande fréquence de la question à la deuxième personne du singulier (*viens-tu* ?). L'interrogation en *est-ce que* est également fréquente. Tout comme l'interrogation en *ce que*, elle connaît ici (et ailleurs) plusieurs prononciations différentes (on reconnaît le *ce que* dans « Pour qui *ce qu'*i se prend ? »).

LE GARS *QUE* JE PARLE…

Racine fait dire à Hermione : « Me voyait-il de l'œil *qu'*il me voit aujourd'hui ? » (*Andromaque,* II, 1) ; Bossuet écrit : « Au moment que j'ouvre la bouche » *(Le prince de Condé)* ; pourtant, seule la syntaxe du Québécois qui dit « le gars que je pense » sera dite primaire et boiteuse. Si on tient absolument à appeler le changement dégénérescence, il faut alors admettre que c'est la grammaire moderne qui est dégénérée plus que celle de beaucoup de Québécois, qui ont au contraire conservé l'usage de tournures anciennes.

Le système des relatifs est très complexe en français. Il ne s'est lentement fixé sous sa forme actuelle qu'au XVIIe siècle. Jusqu'à cette époque, le pronom relatif *que* pouvait s'employer pour marquer le lieu, le temps, la manière, etc., là où le bon usage prescrit aujourd'hui l'emploi de *où, dont, auquel,* etc. Il est probable qu'à l'époque de la colonisation, ces derniers n'avaient pas encore totalement supplanté *que,* de telle sorte que les émigrants en Nouvelle-France ont emporté avec eux l'alternance. Les différentes formes de relatifs du français standard servent à marquer la fonction : aujourd'hui, de manière générale, *que* ne marque plus que l'objet direct ; *dont*, un complément introduit par un *de*, etc. Dans la langue populaire, le *que* conserve la possibilité de marquer plusieurs types de relations.

LA FILLE QU'IL SORT *AVEC*

Une préposition comme *avec* relie en principe deux éléments de la phrase. Toutefois, l'emploi d'une préposition sans complément est possible en français populaire (mais moins fréquent qu'on pourrait le croire), spécialement dans les propositions relatives dont nous venons de voir la construction. Une phrase telle que « La fille qu'il sort *avec* » en est un bon exemple. Au Québec, on a coutume de voir dans ces emplois un calque de l'anglais (« *the girl I am going out with* »). En France et en Suisse, on parle plus généralement d'influence des langues germaniques, l'allemand autorisant également ce genre de construction.

Un certain nombre de linguistes ne sont toutefois pas d'accord avec cette analyse. Pour

Pierre Guiraud, spécialiste du français populaire, cette construction est potentiellement présente dans le système même du français. Le phénomène en jeu dans ce cas est la transposition d'une catégorie grammaticale à l'autre. En français, on peut en effet faire un substantif d'un adjectif (le *jaune* du soleil) ; inversement, on peut faire un adjectif d'un substantif (c'est le cas de *rose*) ; une autre transposition très fréquente est celle des adverbes et des prépositions. En fait, il n'existe guère de différence formelle entre adverbe et préposition et de nombreuses formes peuvent remplir les deux fonctions (*derrière, devant, depuis,* etc). Ainsi, on peut très bien avoir, en français standard :

> « Il est *derrière* la porte » (préposition)
> « Il est *derrière* » (adverbe)
> « Je ne l'ai pas vu *depuis* la semaine dernière » (préposition)
> « Je ne l'ai pas vu *depuis* » (adverbe).

En ancien français, *avec* (qui s'écrivait *avuec* ou *avecques*) était déjà à la fois adverbe et préposition. Sa fonction s'est par la suite restreinte à la seule préposition. Il est difficile de savoir pourquoi l'évolution de la langue a cantonné certaines formes à une seule fonction, d'adverbe ou de préposition.

La langue populaire continue d'utiliser indifféremment un grand nombre d'adverbes et de prépositions ; la différence entre les deux n'apparaît plus que par leur position dans la phrase. C'est ainsi qu'*avec* n'a probablement jamais cessé, dans certaines variétés de la langue parlée, de pouvoir jouer le rôle d'adverbe, ne servant pas, dans ce cas, à relier deux éléments de la phrase :

Il est venu *avec* son fils (préposition)
Il joue *avec* (adverbe).

Certaines de ces transpositions de prépositions en adverbes sont d'ailleurs en train de passer dans la langue, bien que toujours critiquées : des constructions comme *voter pour, se tirer dessus, se rentrer dedans,* etc. sont tout à fait du même type que *sortir avec*. En tout état de cause, *la fille que je sors avec* est loin d'être toujours montréalaise ; elle peut très bien être parisienne ou genevoise.

CHAPITRE V

UNE PURE QUESTION DE FORMES

Le marquage du genre et du nombre, les désinences verbales, l'accord du participe, tout ce qui touche la variation de la forme des mots relève de la morphologie. Sur ce plan comme sur le plan de la syntaxe, les caractéristiques du français québécois sont celles du français populaire où qu'il se parle. Seule la fréquence de certains traits ou emplois est particulière au Québec. Les traits en question ne sont pas d'apparition récente et étaient déjà présents dans le moyen français (XIIIe au XVe siècle). L'opinion selon laquelle la langue parlée au Québec actuellement est un français dégradé, altéré à la suite de la Conquête ne repose donc sur aucun fondement.

La grammaire du français populaire est celle du français tout court. Elle se distingue toutefois de celle du français dit standard par sa tendance à l'homogénéisation des structures et à la réduction du nombre des formes sur la base de l'analogie. Elle tend donc à faire disparaître les exceptions, nombreuses en français et dues la plupart du temps à des « accidents » étymologiques.

UNE ACCIDENT, C'EST TOUT *UN* AFFAIRE !

Il est fréquent qu'au Québec, on parle d'*une* hôpital ou d'*une* autobus et on peut dire, ici, qu'« *une* accident, c'est tout *un* affaire ». Encore une fois, le phénomène n'a rien de spécifiquement québécois ; on retrouve cette hésitation sur le genre des substantifs qui commencent par une voyelle dans toute la francophonie.

La notion de genre est quelque peu artificielle. Du latin au français et à toutes les époques, un grand nombre de mots ont connu un changement de genre. Les noms d'arbres, masculins en français, étaient féminins en latin. *Âge* et *abîme,* aujourd'hui masculins, connaissaient officiellement les deux genres à l'époque du grammairien Vaugelas, au XVIIe siècle, comme c'est le cas actuellement d'un mot comme *perce-neige*. En ancien français, *honneur, poison, serpent* et bien d'autres mots étaient de genre féminin, tandis que *affaire, dent, image,* entre autres, étaient de genre masculin. Et que dire des *amours* et des *délices* qui, de genre masculin lorsqu'ils sont au singulier, deviennent féminins au pluriel !

Le changement de genre peut être motivé par diverses raisons. Comme le montrent les historiens de la langue Brunot et Bruneau, il peut y avoir alignement du genre d'un mot sur le genre des mots de forme semblable. Le mot *incendie* par exemple, est masculin, mais *mélodie* et *comédie* sont de genre féminin ; les francophones qui féminisent le premier, par analogie de forme avec les deux autres, ont un comportement logique. Mais si les substantifs qui commencent par une voyelle ont un genre instable, c'est en grande partie à cause du déterminant qui les précède. Le déterminant défini *le* ou *la* devient *l'* devant ces mots, ce qui rend déjà le genre plus difficile à retenir. En outre, selon l'historien de la langue française Marcel Cohen, un phénomène phonétique entre en jeu dans la liaison avec le déterminant indéfini *un/une*.

Aujourd'hui, la liaison de *un* avec un substantif de genre masculin se fait sans que le son nasalisé *un* se perde (on prononce : *un nenfant*). Mais il y eut une époque où la liaison dénasalisait ce son, qui devenait alors *u* : *un enfant* se prononçait *u nenfant*. C'était une prononciation qualifiée de distinguée. Pour leur part, les locuteurs appartenant à la classe populaire prononçaient *eune* l'article indéfini féminin *(eune fille)*, prononciation qui subsiste aujourd'hui, comme en témoigne Dor avec le titre de son livre *(ène shot)*. On prononçait donc :

haut de l'échelle sociale : *u norage, une fille*
bas de l'échelle sociale : *un norage, eune fille.*

Qu'on dénasalise en *u* ou en *eu,* dans les deux cas, la distinction sonore entre féminin et masculin *(un/une)* est perdue, ce qui entraîne un certain flottement du genre. À partir du moment où la prononciation de *un avion* est la même que celle de *eune avion*, il est tout à fait possible de passer à *une grosse avion,* qui s'entend toujours dans la langue populaire. L'instabilité du genre n'est donc ni récente, ni proprement québécoise.

IL FAUT QUE ÇA *CONTINUSSE* !

« Le pirate il *boiyait* du rhum. Il en *prendait* beaucoup ».
« Les enfants ils *sontaient* tannés parce qu'il a *pleuvu* toute la journée ».

La production d'énoncés de ce type apparaît dans le discours de tous les enfants dont la langue maternelle est une langue à flexion, comme le français. Dans une langue à flexion, les mots sont formés par l'ajout de suffixes, de terminaisons particulières à une racine qui constitue l'élément invariant du mot (par exemple, l'élément *march* est l'élément invariant du verbe *marcher*). L'enfant qui apprend à parler procède par la formulation (inconsciente) de règles grammaticales à partir de ce qu'il entend. Il apprend à généraliser à partir d'un grand nombre de cas particuliers. Dès l'instant où il est en possession d'une règle, il l'applique à tous les cas sans exception : c'est l'hypergénéralisation. *Boyait* et *prendait* sont très logiquement formés par analogie avec les formes du présent singulier (*il marche* → *il marchait ; il boit* → *il boiyait ; il prend* → *il prendait) ; sontaient* est formé par analogie avec le présent pluriel *(sont)*. L'hypergénéralisation régularise l'irrégulier. Elle est fréquente dans la conjugaison des verbes, mais elle entre également en jeu dans la formation du pluriel (*un animal* → *des animals*), dans le choix de l'auxiliaire (*j'ai dit* → *je m'ai dit*), dans la contraction de l'article (*à la fille* → *à le garçon*), etc.

Les formes erronées produites par hypergénéralisation constituent un stade normal de l'acquisition du langage par les enfants de 3 à 6 ans environ et la majorité disparaissent d'elles-mêmes avec la scolarisation. Quelques-unes d'entre elles (*sontaient, jousent, allent,* par exemple) subsistent dans le discours de certains adultes peu scolarisés, mais il s'agit d'un très faible pourcentage des occurrences de ces mots dans l'ensemble de la population. D'autres formes, telle *je vas* pour *je vais,* sont largement utilisées dans la langue parlée de tous les groupes au Québec, et attestées depuis longtemps dans de nombreuses variétés de français. *Je vas* n'était pas perçu comme un écart par rapport à la norme au XVIIe siècle. C'était la forme utilisée à la cour. Vaugelas écrivait en 1647 que la forme *je vais,* (dont il recommandait l'usage) était associée à la province ou au peuple de Paris.

De manière générale, l'extrême complexité du système du verbe en français en fait un lieu d'exercice privilégié de la tendance à la simplification qui caractérise la langue populaire. L'histoire du français permet de dire que tout verbe irrégulier tend à devenir régulier. Cette régularisation peut s'effectuer par le remplacement : les verbes dits du troisième groupe, c'est-à-dire les verbes irréguliers dont il faut apprendre par cœur les transformations à la conjugaison (*prendre*, *boire*, *coudre*, etc.) étaient autrefois beaucoup plus nombreux. Plusieurs sont plus ou moins sortis de l'usage par suite de l'utilisation constante de verbes synonymes appartenant au premier groupe (verbes du type *marcher*), qui se conjuguent beaucoup plus facilement. C'est ainsi que *quérir* a été remplacé par *chercher*, *faillir* par *manquer*, *choir* par *tomber*, *ardre* par *brûler*, etc. (exemples donnés par P. Guiraud). Le remplacement de verbes irréguliers par une locution verbale (*bruire* remplacé par *faire du bruit*, par exemple) va dans le même sens.

Une deuxième façon d'éliminer les exceptions consiste à donner, comme les enfants le font, une terminaison plus régulière au radical d'un verbe irrégulier. C'est ainsi que *puir* est devenu *puer* et qu'on peut, dans la langue populaire, *romper les amarres* ou *concluer un marché*. Et si *mouru* n'a toujours pas délogé *mort*, *pondu* a chassé *ponds* et *mordu* a éliminé *mors*. On le voit, ce qu'on relève comme des erreurs dans la langue populaire met en jeu des mécanismes profondément inscrits dans la langue, qui de tout temps ont contribué à la façonner. *Mouru* constitue un écart par rapport à la norme que l'on peut vouloir corriger pour nombre de raisons, mais ne peut être considéré comme une marque d'abâtardissement du français.

LE MYSTÈRE DE LA DISPARITION DU PRONOM PERSONNEL[7]

Des passages enflammés d'*Anna braillé ène shot* sont consacrés aux sévices que font subir les Québécois aux pronoms personnels (*je, tu, il,* etc.). Dor se lamente d'abord sur la perte d'identité de ses compatriotes, indéniablement marquée selon lui par le fait de dire *chu* au lieu de *je suis.* Laissons de côté pour le moment les facteurs qui expliquent la prononciation *chu.* Contentons-nous de remarquer que si l'identité tenait à la présence du pronom sujet, de nombreux peuples en seraient privés. En effet, plusieurs langues, l'espagnol ou le russe pour ne nommer que celles-là, font un emploi facultatif du pronom sujet, la personne grammaticale étant exprimée par la terminaison du verbe. En latin, le pronom sujet n'était généralement pas utilisé, sauf lorsqu'on voulait donner une valeur expressive particulière à la phrase. Jules César, dont nous avons retenu le célèbre *Veni, vidi, vici,* n'était pourtant pas spécialement caractérisé par un moi affaibli !

---

7. Cette section a été rédigée en collaboration avec Lucie Ménard, Marise Ouellet, Benoît Tardif et Linda Thibault, et doit beaucoup par ailleurs à Denis Dumas, auteur de *Nos façons de parler.*

En français, nous ne prononçons plus, comme autrefois, les consonnes qui indiquent la personne grammaticale à la fin du verbe, par exemple le *t* et le *s* qui distinguent *aimait* de *aimais.* C'est ce qui a rendu peu à peu nécessaire la présence du pronom sujet.

Il ne revient pas aux Québécois d'avoir « déformé » les pronoms *il* et *elle* en *i* et *a* ou *al.* L'attestation de ces formes en français populaire est mentionnée dans toutes les histoires de la langue française. La prononciation *i* de *il* fut générale à une époque et longtemps considérée comme distinguée. Encore aujourd'hui, on en fait usage dans toutes les variétés de français. La réduction du pronom *tu* en *t* devant une voyelle (*t'es* au lieu de *tu es*), parallèle à la réduction – obligatoire celle-là – de *je* en *j'* (*j'aime* et non *je aime*), est à peu près générale, dans la langue parlée courante, chez tous les francophones. C'est à se demander si Georges Dor, qui semble ne l'entendre que chez ses compatriotes, a déjà conversé avec un Belge, un Français ou un Antillais !

La langue française oppose des pronoms faibles, *je, tu, il,* à des pronoms forts, *moi, toi, lui.* Les pronoms dits faibles n'ont pas une grande liberté de position dans la phrase, ils sont toujours à côté du verbe (généralement devant). Ils sont phonétiquement fragiles, d'où leur raccourcissement dans la langue parlée courante, sans que la paresse entre pour cela en ligne de compte ! Les pronoms dits forts peuvent quant à eux occuper différentes positions dans la phrase et être séparés du verbe. On peut dire, par exemple : « C'est *toi* qui vas y aller », « je vais y aller, *moi* ». Puisqu'ils sont accentués (l'accent tombe généralement en français sur la dernière syllabe d'une phrase ou d'un groupe de mots), ils sont plus résistants sur le plan phonétique. On ne les réduit jamais. *Moi* peut être prononcé *mwa, mwé* ou *mwâ,* mais personne ne dira jamais « je vas y aller, *m* ».

On a donc, en français standard, une opposition qui permet de dire *moi, je...* (par exemple, « *moi, je* dis que... ») ; *toi, tu...* (« *toi, tu* dis que... ») ; *lui, il...* Le hasard de l'évolution a fait qu'à d'autres personnes, l'opposition fort/faible ne s'est pas matérialisée par des formes différentes. On a *elle, elle...* (« *elle, elle* dit que... ») ; *nous, nous...* ; *vous, vous...* La langue populaire tend ici encore à régulariser les irrégularités, par différents procédés. Elle présente donc une opposition entre *on* (forme faible, première personne pluriel) et *nous autres* (« *nous autres, on* dit que... ») ; *vous* et *vous autres* (*vous autres, vous…*) ; *elle* et *a* ou *al* (« *elle, a* dit que… », ou « *elle al* arrive »). En effet, ce ne sont pas tous les *elle* qui se transforment en *a* ou *al* au Québec, mais seulement ceux qui sont sujets du verbe. Les Québécois peuvent dire « *al* est drôle », mais pas « c'est une drôle de fille, *al* ». La réduction du *elle* en *a* ou *al* (cette dernière forme étant utilisée devant voyelle) est liée à la fonction grammaticale du pronom. Le *eux* de la troisième personne du pluriel s'aligne pour sa part sur les deux autres formes de pronoms pluriels forts pour devenir *eux autres*.

Notons que l'expansion du *on* au lieu du pronom *nous* en position sujet a commencé très tôt. Son emploi est répandu et ne caractérise pas plus que *t'es* une variété particulière de français. L'utilisation des *nous autres* et *vous autres* peut ne pas sembler très économique, mais elle fait en sorte que l'ensemble des pronoms connaissent une forme forte et une forme faible différenciées.

En français standard, la forme *lui* n'est pas utilisée que comme forme forte de la troisième personne du singulier au masculin ; elle est aussi utilisée en complément d'objet indirect aux deux genres : « je *lui* ai dit (à lui) », « je *lui* ai dit (à elle) ». Le français populaire distingue encore une fois pronom faible et fort en n'utilisant le *lui* que comme forme forte et en utilisant *y* en fonction de complément d'objet indirect. Il faut dire qu'au XVIIe siècle, le pronom *y* pouvait encore être employé pour désigner une personne, dans les contextes où le français standard prescrit l'emploi de *lui*. En français populaire, ces deux formes sont spécialisées et ne sont jamais employées dans les mêmes contextes. Ainsi, on peut dire : « dis-*y* », « Il vient, *lui* », mais pas « Il vient, *y* ».

Aucun de ces phénomènes n'est particulier au Québec. En fait, si on tient absolument à parler de torture des pronoms personnels, il faut admettre que les francophones dans leur ensemble en sont les bourreaux. Le seul facteur qui distingue l'usage québécois des autres variétés nationales du français est la fréquence en général plus élevée qu'ailleurs des emplois reliés à la langue populaire.

CHAPITRE VI

DES SONS QUI FONT SOURIRE…[8]

La critique la plus fréquente du français québécois porte sur sa prononciation, que l'on qualifie de « relâchée ». Un certain nombre de personnes considèrent que le « relâchement » qui nous caractérise découle du climat nordique : le froid nous gèle la bouche… Dans le même ordre d'idées, on pourrait ajouter que d'autres considèrent que les Noirs américains ne peuvent arriver à prononcer correctement l'anglais en raison de leurs lèvres épaisses. Dor affirme quant à lui que la plupart des enfants québécois sont des handicapés linguistiques qui souffrent de difficultés d'élocution et risquent pour cela de devenir des handicapés intellectuels. Une mise au point s'impose !

J'AI UN ACCENT, MOI ?

Peut-être vaudrait-il mieux aborder la question en se demandant qui parle avec un accent. En ce cas, la réponse est toute prête :

---

8. Ce chapitre a été rédigé par Lucie Ménard, Marise Ouellet, Benoît Tardif et Linda Thibault.

c'est l'autre ! Ce sont forcément les francophones d'ailleurs qui parlent de l'accent québécois ; pour nous, c'est le Belge ou le Français qui en a un. Fait universel, les membres d'un même groupe ne perçoivent jamais leur propre accent.

La variété québécoise du français comporte, comme toutes les variétés d'une langue, ces traits typiques de prononciation et ces intonations particulières qui font l'accent. Quelques-uns d'entre eux frappent particulièrement l'oreille et de ce fait, attirent l'attention.

PARLER, C'EST SE DIFFÉRENCIER

Toute personne qui s'exprime connaît plus que sa langue maternelle ; elle sait aussi quand et comment nuancer certains traits caractérisant son accent, en fonction de la situation de communication.

La variation situationnelle est extrêmement intéressante en ce qu'elle nous révèle ce que chacun considère comme étant un trait « typique » de la prononciation québécoise. Le français québécois utilisé dans les situations informelles s'éloigne du français hexagonal utilisé dans les mêmes situations. Au contraire, les situations plus formelles, au Québec et en

France, donnent lieu à des variétés de langue beaucoup moins différenciées.

Or, les traits de prononciation apparaissant dans les contextes informels sont toujours ceux qui sont évalués négativement, puisqu'ils tendront à disparaître dans les situations les plus formelles. On les dit « marqués », c'est-à-dire « non neutres ». Si personne ne voit de mal à entendre un ami dire « *Vlà* mon frère », sans doute y aurait-il un accroc au protocole si on entendait un présentateur prononcer « Mesdames et messieurs, *vlà* le Premier ministre ». La disparition de *oi* dans *voilà* constitue un trait que nous considérons tous comme marqué.

En style formel, nombre de phénomènes caractérisant nos façons de parler se résorbent. On tend alors vers une variété neutre que l'on croit être celle qui sera comprise par le plus grand nombre. Toutefois, certains traits ne peuvent être qu'atténués. Ce sont sans doute ceux-là même qui font qu'un chef de pupitre à la télévision québécoise ne parle pas comme un lecteur de nouvelles de la France ou de la Côte d'Ivoire. Ainsi, les Québécois de plusieurs régions ne peuvent se résoudre à faire disparaître le petit *s* qui suit le *t* dans un mot comme *tirer,* ni le petit *z* qui succède au *d* dans *dire*.

Quel que soit le style adopté, on constate que la façon de s'exprimer implique la connaissance d'un code, celui qui régit la façon de nuancer, en ajoutant ou en retirant des marques. Les marques qui résistent sont celles qui ressortissent à certaines bases du français québécois et qui, faute d'avoir été portées à notre attention, sont encore à l'abri de nos jugements négatifs. Les francophones de toute origine connaissent les nuances associées aux variations du style. Pourquoi, alors, la variété formelle de prononciation n'est-elle pas plus usitée ? Il faut comprendre que parler c'est communiquer, mais c'est également se différencier.

JE VAS LE DIRE À MON *PAÈRE*…

Qui d'entre nous n'a pas usé de cette menace en insistant voluptueusement sur les voyelles *aè* de *paère* ? Il s'agit là d'une diphtongue. Les diphtongues sont des voyelles dont le timbre est modifié en cours d'émission, ce qui change le *père* en *paère* (ou en *péire,* suivant les régions), le *cœur* en *caeur* et la *pâte* en *pâote.* Plusieurs langues ont des voyelles diphtonguées constitutives de leur système, le vietnamien, l'anglais et l'allemand notamment. Le son *ao* du mot anglais *out*, le son *aï* du mot allemand *frei* sont des diphtongues. Ce phénomène est fort répandu en français québécois et il est perçu négativement. Il constitue un écart par rapport à la norme, parce que les diphtongues ne font pas partie du système phonologique du français standard.

Pourquoi les francophones du Québec diphtonguent-ils ? Le phénomène n'est pas étranger à la conservation de certaines caractéristiques phonétiques héritées de nos ancêtres français. D'abord, on observe que la diphtongaison ne se produit que lorsque la voyelle est longue. Les voyelles *loooongues* s'opposent aux voyelles brèves par leur durée prolongée. Comme l'ont souligné plusieurs chercheurs, la variété québécoise du français comporte certaines voyelles historiquement longues, voyelles que le français de l'Hexagone n'a pas conservées. Ainsi, le Québécois se délecte aujourd'hui comme hier de *pââtes,* tandis que le Français savourera ses *pates.* En effet, l'opposition entre le *â* long de *pâtes* et le *a* bref de *patte* est toujours vivante au Québec alors qu'elle a pratiquement disparu en France au profit du *a* bref, de timbre plus clair.

La présence de cette longueur vocalique au Québec nous est toutefois d'un précieux secours pour la maîtrise de l'orthographe. En effet, la plupart des voyelles longues, et de ce fait diphtongables, signalent l'existence d'une graphie particulière : accent circonflexe, grave ou aigu, doubles voyelles.

Outre ces voyelles longues par nature, certaines voyelles sont allongées devant un petit nombre de consonnes dites, pour cette raison, « allongeantes ». De nombreuses études ont d'ailleurs fait état de ce phénomène d'allongement des voyelles dans diverses variétés du français. En fin de mot, devant les consonnes non muettes que l'on prononce *r, v, z,* et *j,* toute voyelle sera plus longue que devant une autre consonne. Par exemple, nous allongeons la voyelle des mots *liiire, riiive, muuuse* ou *rooouge,* ce qui n'est pas le cas dans les mots *lime, ride, mule* ou *route.* Ce qui caractérise le français québécois, c'est la capacité d'allonger ces voyelles à l'intérieur du mot (comme dans *juuuré* ou *cuuuré*). Ainsi, au Québec et dans les parlers français d'Amérique en général, on retrouve un plus grand nombre de voyelles marquées d'un allongement.

Cet état de chose entraîne l'expansion de la diphtongaison, puisque plus la durée d'une voyelle est longue, plus celle-ci est susceptible de se transformer au cours de son émission.

Pour en revenir à nos considérations gastronomiques, c'est ainsi que la *pââââte* sera susceptible d'être diphtonguée en *pâooote,* par exemple. Il est aussi probable que le français québécois ait conservé certaines des « véritables diphtongues » qui existaient en ancien français et dont certaines pouvaient encore survivre au XVIIe siècle. Certains observateurs notent que des prononciations diphtonguées existaient déjà au Québec au XVIIIe siècle. Le phénomène n'est donc pas nouveau, et sans doute nos valeureux ancêtres ayant courageusement livré bataille sur les plaines d'Abraham… diphtonguaient-ils !

La probabilité d'une telle prononciation est plus importante dans la langue populaire, mais la tendance à la diphtongaison se trouve répandue dans tous les milieux, qu'ils soient géographiques ou sociaux. Somme toute, la diphtongaison s'explique par des faits articulatoires et physiologiques affectant la réalisation de certaines voyelles longues. D'ailleurs, notre Québécois amateur de cuisine italienne, sans doute à sa grande surprise, peut se retrouver en pays de connaissance chez ses cousins français, puisque les diphtongues ont été attestées dans l'Ouest de la France, notamment dans certains parlers du Maine et du Perche.

FAUT LE *WÈR* POUR LE *CRÈRE* !

Le phénomène de la diphtongaison nous amène à parler des différentes prononciations de la séquence *oi,* présente dans la devise du sceptique : « faut le v*oi*r pour le cr*oi*re », que d'aucuns prononcent « faut l'*wèr* pour le *crèr* » ! Cette transformation du *oi* a son histoire. Au Moyen Âge, chacune des voyelles *o* et *i* des mots qu'on prononce *wa* en français standard contemporain (prononciation *crwar, bwar,* pour *croire* et *boire* respectivement) étaient prononcées, à peu près de la même façon que l'on prononce aujourd'hui le mot anglais *joy* ; on disait *bo-ir, cro-ir.* La langue évoluant, ces mots se sont prononcés ensuite en *wè* : *bwèr* et *crwèr.* Dès le XIVe siècle, l'hésitation entre les variantes *è* et *wè,* résultat d'une tendance à réduire les enchaînements de voyelles, permit l'émergence de formes semblables au fameux *crèr,* pour *croire.* Selon les régions, on prononçait *crwèr* ou *crèr.*

Aujourd'hui, la plupart des prononciations en *è* ne sont pas considérées comme standard, mais certaines d'entre elles se sont officiellement imposées, notamment la prononciation en *è* des terminaisons verbales de l'imparfait et du conditionnel, dont la graphie était aussi à l'origine en *oi* (*étoit, seroit,* etc. au lieu de *était* et *serait*).

Les prononciations en *wè* se sont transformées progressivement en *wa* dans le français populaire de Paris. La prononciation en *wè (crwèr),* utilisée par la cour et l'aristocratie, fut valorisée au détriment de *wa (crwar),* répandu dans le peuple et de ce fait tenu pour vulgaire. Ce n'est qu'après la Révolution, au XVIIIe siècle, que le *wa* va s'imposer définitivement. Or, nos ancêtres avaient, pour la plupart, déjà émigré en Nouvelle-France, emportant avec eux le *wè* de l'aristocratie et de la cour, tandis qu'en France triomphait le *wa* du peuple.

En fait, comme on a pu le constater par ce bref retour en arrière, le prestige accordé à la communauté usant d'une langue confère à cette langue le même prestige. C'est ce qu'ont si justement fait remarquer différents auteurs en qualifiant une langue de « dialecte qui a réussi ». En somme, le français québécois a conservé des variantes de prononciation en usage durant les siècles précédents. Et, qui sait, peut-être les voix de Jeanne d'Arc étaient-elles des *vwè* qui diphtonguaient…

À notre époque, bien que le français standard impose la prononciation en *wa,* le français québécois présente toujours de nombreuses formes pour la séquence écrite *oi* : *wé* (*twé, mwé,* etc.), *wè, è, é, waè* (*Françwaèse, bwaète,* etc.). Ces différentes prononciations, quelquefois subordonnées à l'environnement linguistique, se retrouvent principalement dans les variétés populaires de la langue. En fait, les discussions entre amis sont peut-être parsemées de *twé* et de *mwé,* mais il y a fort à parier que lors d'une rencontre officielle, les *twé* et les *mwé* se métamorphosent en *twa* et en *mwa.* Et Bernard Derome, en vacances, n'utilise probablement pas toujours la prononciation téléjournalesque qu'on lui connaît.

DES SONS QUI SOUFFRENT ?

Admettre que le français québécois fait la vie dure à certains sons, c'est admettre que toutes les langues sont des tortionnaires. Il arrive souvent en français québécois que nous omettions de prononcer certaines consonnes. On entend fréquemment *tab* au lieu de *tabl* par exemple. Est-ce là un signe que le français québécois est en train de se dégrader ? Pas du tout. Des études menées au début des années soixante-dix en France montrent que la chute de consonnes en fin de mot se produisait déjà au XVIIe siècle dans les parlers du nord de la

France de même qu'à Paris. Puisque la majorité des colons qui sont venus peupler le Québec étaient originaires des régions du nord-ouest de la France, doit-on se surprendre d'avoir conservé certains de leurs traits de prononciation ? Dégradation ou conservatisme ? Pour quiconque connaît l'histoire de la langue française, le conservatisme de la prononciation québécoise ne peut guère étonner.

Sans entrer trop sérieusement dans le jargon scientifique, on peut parler d'une tendance universelle des langues qui consiste à réduire les groupes de consonnes en fin de mots, dans la mesure où ces réductions ne nuisent pas à l'intercompréhension. Un mot comme *table,* qui se termine par deux consonnes, peut facilement être prononcé *tab* après la chute du *l* final. Par contre, le *l* d'un mot comme *tableau* ne pourra être effacé, puisqu'il est « supporté » par une voyelle prononcée. Le même phénomène se produit aussi avec d'autres suites de consonnes. Par exemple, en conjuguant le verbe *administrer,* on prononce souvent *il adminis* au lieu de *il administr,* mais jamais *il adminisait,* ou *il administait,* au lieu de *il administrait.* La disparition des consonnes finales ploie sous le joug endémique des jugements négatifs. Mais la dynamique qui gouverne les changements que subissent les langues est, en fait, implacable et incontournable. La réduction des groupes de consonnes en fin de mot n'est pas unique au français et se manifeste également dans de nombreuses autres langues.

Un autre son auquel de nombreuses variétés de langue font la vie dure est le *e*, comme dans le mot *petit*. Plus souvent qu'autrement, en débit rapide, on ne le prononce pas. De cette façon, des mots comme *petit* ou *chemin* deviennent *ptit* et *chmin*. Par contre, dans un mot comme *brevet*, le *e* ne disparaît jamais. Pourquoi de tels phénomènes ? Tout simplement parce qu'une suite de consonnes comme *brv* n'est pas permise en français, alors que les suites *pt* ou *chm* sont possibles. Si le *e* de *brevet* disparaissait, on aurait une prononciation *brvet*, très difficile à réaliser pour un francophone. De la même façon, on peut aisément dire *vlà*, mais non *vci*. En fait, toute la dynamique de la chute des voyelles est régie par des lois profondément ancrées dans le système de la langue française.

La chute du son *e* peut entraîner, dans certains contextes, d'autres modifications phonétiques. Dans *je suis* par exemple, le *e* a généralement tendance à disparaître, laissant côte à côte le son *j*, qui est voisé (c'est-à-dire qu'il nécessite la vibration des cordes vocales), et le son *s*, qui est non voisé (les cordes vocales ne vibrent pas). Il se produit alors une interaction entre ces deux sons, pour donner la forme *chuis* (qui se réduit pas la suite en *chu*), interaction qui rejoint une autre des grandes tendances universelles des langues : la loi d'inertie. Les sons tendent ainsi à s'harmoniser, toujours dans la mesure où la perte d'un trait articulatoire ne nuit pas à l'intercompréhension, et c'est la consonne non voisée qui l'emporte. On peut trouver plusieurs exemples de ce phénomène : *cheveu* (*ch* non voisé et *v* voisé) qui devient *chfeu*, ou encore *je tenais* (*j* voisé et *t* non voisé) qui devient *chtenais*. La transformation du pronom *je* en *ch* relève donc d'interactions normales entre les sons et non pas, encore une fois, de la perte d'identité du locuteur.

LES MAUX DE LA PAROLE

Les phénomènes qui affectent les voyelles et les consonnes, et dont il vient d'être question, constituent des caractéristiques souvent décriées et taxées de « défauts de prononciation ».

On confond fréquemment défaut de prononciation et écart par rapport à la norme. Du point de vue de l'orthophonie, un défaut de prononciation consiste sommairement en l'incapacité, pour un locuteur, de prononcer un son ou une suite de sons. Les raisons de cette incapacité peuvent être de plusieurs ordres, notamment une malformation des organes de la parole, les effets d'un accident ou d'une maladie (par exemple l'aphasie) sur ces organes ou sur le système nerveux. Un défaut d'élocution ou de prononciation peut aussi se présenter chez une personne lors de l'apprentissage d'une langue étrangère, si le son ou la suite de sons qui pose problème ne fait pas partie de l'inventaire des sons de sa langue maternelle ou des combinaisons possibles de sons dans cette langue. Par exemple, un hispanophone apprenant le français peut éprouver de grandes difficultés à prononcer un *z*, comme dans *maison,* avec comme conséquence la confusion entre des groupes de mots comme *ils ont* et *ils sont.*

Les phénomènes que l'on observe en français québécois, surtout dans les variétés moins formelles, ne constituent pas des défauts de prononciation, mais des phénomènes phonétiques normaux et courants dans la plupart des langues du monde. Leurs causes sont diverses, mais ne concernent en rien la compétence des organes de la parole. Plus on s'éloigne de la prononciation standard, plus ces phénomènes sont nombreux, ce qui peut donner l'impression à certains que des défauts d'élocution sont en jeu. Peut-on qualifier cet écart par rapport à la norme de prononciation relâchée ? Avons-nous les mâchoires si molles qu'il est impossible à la plupart d'entre nous de bien articuler ? Il est vrai que certains phénomènes, entre autres l'assimilation (lorsqu'on dit par exemple *mainzon* au lieu de *maison*), sont la conséquence d'une certaine « paresse » du système articulatoire. Cette paresse est cependant universelle, car toutes les langues présentent ce genre de phénomènes, qui sont aussi reliés au débit de parole et aux situations plus ou moins formelles. Dans d'autres cas, cependant, et nous pouvons mentionner ici les très impopulaires diphtongues (mon *paère,* des *affaères*), il s'agirait plutôt d'un surplus d'énergie articulatoire, ce surplus allongeant la voyelle et rendant du coup difficile le maintien d'une même articulation – un même timbre de voyelle – sur une plus longue période de temps. La thèse du relâchement n'est donc guère envisageable, pas plus que ne l'est celle du défaut d'élocution.

Enfin, que dire des phénomènes qui résistent même dans les styles les plus formels (l'affrication par exemple, qui fait ajouter un *s* à *t* ou et un *z* à *d* devant les voyelles *i* et *u*, comme dans *tu dis* que l'on prononce *tsu dzi)* ? Est-ce que, dans ces cas-là, les organes de la parole travaillent plus fort ? Il serait plus juste de dire que l'écart par rapport à la norme parisienne est très peu perçu dans ce cas. L'affrication choque donc moins les oreilles fragiles des puristes. Il est plus plausible que ce soient des raisons sociales, géographiques, économiques et culturelles qui déterminent ce qui est relâché ou non ; cela n'a rien à voir avec la langue elle-même ou les capacités de prononciation des locuteurs.

DES SONS QUI FONT DE LA « RÉSISTANCE »

Si petits qu'ils soient, les sons opposent une forte résistance au changement. On peut maîtriser la syntaxe d'une langue étrangère, sa morphologie, son vocabulaire, sans parvenir à chasser l'accent qui caractérise sa langue maternelle. Les études sur les processus d'assimilation d'une langue par une autre tendent à confirmer cette résistance du son : l'assimilation touche d'abord les éléments lexicaux

« lourds » (noms et verbes), les caractéristiques intonatives (la « mélodie » des phrases), la morphologie et, en dernier lieu, la syntaxe et la prononciation des mots. La prononciation du français québécois témoigne largement de ce phénomène. Et tant que le français sera, ici, vivant, il suivra ses propres tendances évolutives, faisant fi des attaques répétées des linguistes et des non-linguistes.

Les colons qui se sont installés en Nouvelle-France ont apporté avec eux leur langue et leur prononciation, celles de leur époque. L'évolution en vase clos pendant deux siècles à partir de la Conquête explique en partie la présence de traits de prononciation du XVIIe siècle dans le français québécois. Cette prononciation, souvent qualifiée d'archaïsante, donne malheureusement lieu à des jugements de valeur aberrants. Prétendre, par exemple, que la chute de consonnes ou de voyelles dans le français québécois populaire est synonyme de la pauvreté du peuple qui parle ce français serait adresser les mêmes injures aux Français des XVIe et XVIIe siècles. De quoi faire retourner Louis XIV dans sa tombe…

Par ailleurs, la prononciation du français québécois populaire, communément qualifiée de « joual », ne doit encore une fois pas occulter l'existence d'une variété et d'une prononciation plus formelles de ce français, se ralliant au français normatif. En effet, toute langue met en jeu deux forces, notamment en ce qui concerne la prononciation : l'une tend à rendre les choses le plus simple et le plus uniforme possible, l'autre, à freiner la première afin de maintenir la compréhension entre les locuteurs. La première agit surtout dans la langue vernaculaire. Ainsi, certaines prononciations tant décriées ne sont, en fait, qu'une manifestation de cette tendance à l'uniformisation. Mais LE français québécois ne se réduit pas à cette seule variété. Une prononciation plus standard fait aussi partie du parler québécois. Ne pas en tenir compte revient, abusivement, à prendre la partie pour le tout…

CHAPITRE VII

LE QUÉBEC À TU ET À TOI[9]

Au chapitre du massacre des pronoms personnels en français québécois, la prétendue disparition du vouvoiement fait couler beaucoup d'encre. Les inquiets pour l'avenir du français au Québec y voient l'éclatante illustration de l'influence pernicieuse de l'anglais sur notre langue. L'usage québécois des pronoms d'adresse (les pronoms qui permettent de s'adresser à un tiers : *tu, vous*) est aussi le fer de lance de tous ceux qui sont convaincus que la communauté québécoise se distingue internationalement par un manque de politesse aussi généralisé qu'éhonté (je pense en particulier à Carolle Simard, auteure d'un essai sur le sujet paru en 1994). Cette question montre à quel point usages linguistiques et pratiques sociales sont liés et c'est la raison pour laquelle il peut être utile d'y regarder de plus près. Le point de vue change : ce n'est plus la dynamique du système de la langue lui-même qui est en jeu, mais l'usage du système.

9. Ce chapitre a été rédigé par Diane Vincent.

Chose étrange, si depuis quelques générations on anticipe en pleurant la disparition prochaine du vouvoiement, nul n'a déploré la mort du *nous* de majesté. Pourtant, avant le *vous*, fut le *nous !* On dit que l'utilisation des pronoms pluriels est apparue chez les Romains, à l'époque où plusieurs empereurs devaient se partager le pouvoir. Par la suite, les empereurs qui ont dirigé seuls l'Empire ont conservé l'emploi du *nous* pour se désigner. C'est ainsi que le *nous* de collectivité est devenu un *nous* de majesté, utilisé par un individu à la place du *je*. Il semblerait aussi que très tôt, dans l'histoire du christianisme, les évêques utilisèrent le *nous*, s'associant à la communauté des fidèles. Le *vous* qui ne représente qu'une seule personne, c'est-à-dire le *vous* du vouvoiement, n'est rien de plus qu'un simple écho au *nous* de majesté.

Voilà un autre exemple qui permet de comprendre que les valeurs accordées aux mots, aux choses, aux comportements ne sont ni universelles, ni porteuses d'un seul sens. Ces valeurs changent au point de rendre ridicule un comportement qui était tout simplement normal quelques décennies plus tôt. Imaginons un instant le premier ministre du Canada déclarer : « Après quelques jours de convalescence, nous reprendrons nos fonctions à la tête du gouvernement » !

Les pires jugements sont portés à l'endroit de ceux qui n'ont pas inscrit dans leur code social un usage suffisamment répandu du *vous*, ceux-là même qui « parlent mal », qui « ignorent les bonnes manières » et « n'ont plus aucun sens des valeurs » : les jeunes. D'où viennent ces jugements et quelles sont les règles en vigueur actuellement chez les francophones québécois ?

QUAND ON HÉSITE, C'EST QUE LES CHOSES SONT EN TRAIN DE CHANGER…

Le français n'est pas la seule langue au monde à offrir la possibilité de représenter un seul individu au moyen d'une forme plurielle. La plupart des langues romanes – pour ne parler que de celles-là – ont conservé l'héritage du *nous* et du *vous* laissé par les Romains. Cependant, avec le temps, la règle imposée par les empereurs et les évêques s'est complexifiée et les valeurs de ces pronoms se sont diversifiées. Le *nous* dit de majesté est tombé en désuétude (sauf pour les thésards et autres rédacteurs d'articles scientifiques, et encore), mais le *vous* s'est maintenu, de façon très différente, il est vrai, d'une communauté à l'autre.

L'existence de règles d'alternance qui suggèrent ou dictent un choix entre différents pronoms d'adresse n'est donc ni un phénomène nouveau, ni un phénomène exclusif à une seule langue. Cependant le choix des pronoms d'adresse relève moins de règles linguistiques que de règles sociales. Or, ces règles, comme toutes les règles de bienséance, de civilité ou de politesse, évoluent au rythme des changements sociaux, sous la pression contraire des groupes conservateurs et innovateurs.

Le système du tutoiement-vouvoiement est complexe parce qu'il est le reflet de tensions entre les manifestations de la solidarité et du pouvoir. Chacun des deux pronoms, *tu* et *vous,* a deux valeurs, l'une positive et l'autre négative. Le *tu,* dans sa valeur positive, est l'indicateur privilégié de l'appartenance au groupe ; c'est un instrument de cohésion sociale, un signe de reconnaissance nécessaire entre pairs. Dans son pôle négatif, il est signe d'une familiarité déplacée, que rend bien l'expression « on n'a pas gardé les cochons ensemble ! ». Le *vous* positif marque l'égard que l'on doit aux personnes qui en sont dignes et que l'on attend en retour. Dans sa valeur négative, il marque la distance, c'est le « nous ne faisons pas partie du même monde, quand même ! ».

La valeur accordée à un pronom n'est pas absolue, mais relative. On peut considérer dans l'abstrait que le *tu* correspond à un manque de respect, mais ceux qui tutoient leurs parents leur manquent-ils de respect ? Est-ce qu'on respecte plus l'oncle Georges qui impose le *vous* que l'oncle Jacques qui accepte le *tu* ? Sommes-nous impolis avec nos frères et sœurs en les tutoyant ? Comment évaluerions-nous de nos jours le « Alors, mademoiselle ma fille, vous avez fait bon voyage ? », de mise il n'y a pas si longtemps dans certaines familles bourgeoises françaises ?

Généralement, on donne au pronom choisi pour s'adresser à une personne son sens positif : on tutoie ses parents par solidarité, pour être plus près d'eux ; si on les vouvoie, c'est pour démontrer le respect qu'on leur porte, la reconnaissance de leur autorité. En retour, on s'attend à être interpellé par le pronom auquel on accorde la valeur positive, valeur variable selon les individus, les circonstances, les affinités, etc.

Ce système d'alternance de valeur permet d'expliquer qu'un même mouvement social puisse entraîner la généralisation du *tu* ou du *vous*, selon que l'accent sera mis sur la solidarité ou le respect. La révolution russe a amené la généralisation d'un vouvoiement qui marquait que tous les « camarades » étaient dignes de respect. À la révolution française, on a tenté à l'inverse (et avec un succès relatif) de généraliser le tutoiement, en appelant les « citoyens » à la solidarité.

De fait, les valeurs accordées aux différents pronoms sont aussi un indice de la hiérarchisation des sous-groupes sociaux. Dans les périodes où le *tu* (ou le *vous*) est généralisé, les tensions sont réduites entre les différents sous-groupes sociaux. Lorsque l'usage des pronoms est asymétrique, c'est-à-dire lorsque des interlocuteurs sont contraints au *vous* alors qu'on s'adresse à eux en utilisant le *tu*, les tensions sont plus importantes et les différences sociales sont accentuées par le langage. Dans ces conditions d'inégalité et de déséquilibre, le *tu* marque l'infériorité et le *vous*, la supériorité. Les règles qui régissent le choix d'un pronom d'adresse sont toujours d'autant plus instables que la société subit d'importants mouvements sociaux et remet en question certains principes hiérarchiques traditionnellement admis. Dans ces conditions, on comprend mieux que la société québécoise connaisse une transformation des règles d'usage de ces pronoms. Il faut donc reconnaître aux mots le pouvoir d'indiquer l'idée que chacun se fait de sa position dans la société en général ou devant l'autre en particulier. Et encore une fois, les valeurs accordées aux mots sont transférées sur ceux qui les utilisent : si le *tu* est impoli, son utilisateur l'est aussi.

L'IMPOLI, C'EST L'AUTRE

Le vouvoiement est-il en train de disparaître ? De toute évidence, jeunes et vieux ne partagent pas les mêmes règles d'usage des pronoms d'adresse. Chose certaine, le changement que l'on observe sur ce plan depuis deux générations n'a rien à voir avec une quelconque influence de l'anglais.

En effet, dans la langue anglaise ancienne, il y avait le pronom pluriel *you (vous)* et les pronoms singuliers *thou* et *thee* (*tu* et *toi*). L'opposition entre les pronoms singuliers et pluriels de deuxième personne s'est perdue au profit du *you,* qui est devenu sans exception l'unique pronom d'adresse possible. Il est donc faux de dire que le vouvoiement n'existe pas en anglais, ce serait plutôt le contraire. En fait, le tutoiement existe aussi, mais il est rarissime. Le pronom d'adresse *tu (thou)* a été réservé à Dieu et à Sa Majesté. Il ne subsiste que dans certaines expressions figées, dans les prières et, bien sûr, dans les textes littéraires anciens. Le seul *tu* anglais connu de la majorité des Québécois est celui qui apparaît dans le « Oh Canada we stand on guard for *thee* » de l'hymne national canadien. C'est bien peu pour influencer tout un peuple !

Si l'on aborde la question du vouvoiement en considérant les résultats d'études entreprises sur le sujet, notamment par les linguistes Roy Lyster et Diane Vincent, on peut brosser le tableau suivant des nouvelles règles qui s'installent peu à peu depuis quelques générations et qui semblent se stabiliser actuellement.

Il est clair que le *vous* est le pronom utilisé dans les situations les plus formelles et celles qui sont dites publiques. À l'écrit, par exemple, lorsqu'on adresse une réclamation ou une demande d'emploi à un inconnu, le vouvoiement est de rigueur. En revanche, on utilisera dans les lettres aux amis et aux parents le même pronom que celui que l'on utilise en face à face. Le degré de formalité de la situation, le caractère plus ou moins personnel de la conversation, le degré d'intimité des interlocuteurs et l'importance des écarts hiérarchiques et générationnels qui les séparent sont les facteurs qui, après analyse sommaire de la part des interlocuteurs, orienteront leur choix. Ce choix n'est pas toujours évident : on se trompe, on bafouille, on peut recourir à une stratégie d'évitement des pronoms d'adresse ou négocier.

C'est probablement au sein de la famille que le changement s'est fait sentir le plus rapidement. Les enfants élevés avant-guerre devaient presque obligatoirement vouvoyer les membres des générations ascendantes : parents, oncles et tantes, grands-parents, amis de la famille. Aujourd'hui, pour les jeunes, le tutoiement occupe presque toute la place dans les relations familiales, même envers les grands-parents. En revanche, le vouvoiement est toujours utilisé par la majorité des jeunes envers les beaux-parents ou les parents des amis. Il est important de souligner qu'aucun des parents interviewés par les chercheurs ne déplore l'utilisation du *tu* ni ne l'interprète comme un manque de respect à son égard ; aucun n'exige d'être vouvoyé par ses enfants.

Le principe de réciprocité est certainement celui qui gouverne les modifications apportées aux règles du tutoiement et du vouvoiement depuis la deuxième moitié du XXe siècle chez les francophones québécois. Auparavant, c'est la non-réciprocité qui prévalait dans les familles : les enfants utilisaient le *vous* envers les parents qui utilisaient en retour le *tu*. Les relations familiales ont changé et sont maintenant perçues comme réciproques, et c'est ce qui a entraîné la généralisation de *tu* dans ce contexte (la réciprocité du *vous* dans les relations familiales – parents et enfants qui se vouvoient –, en vigueur dans les grandes familles bourgeoises françaises, n'a à peu près jamais existé au Québec). Dans les relations extrafamiliales telles que les relations d'amitié, par exemple, la réciprocité s'exprime également par le *tu*, alors qu'auparavant le *vous* était aussi utilisé, bien des personnes âgées vouvoyant leurs meilleurs amis.

Le *tu* est donc devenu le pronom de la réciprocité (ou de non-reconnaissance de différences hiérarchiques) et on a restreint le domaine d'utilisation du *vous* aux relations non réciproques. Or, les domaines de la hiérarchie et de l'égalité ont aussi changé : les principales relations hiérarchiques reconnues aujourd'hui comme telles sont celles qui prévalent dans les milieux reliés au travail, lorsque les rapports de pouvoir sont réels. L'âge est de moins en moins un indicateur hiérarchique, la plupart des jeunes ayant souvent tutoyé des personnes âgées (leurs grands-parents notamment).

Cette différence de valeurs cause des erreurs d'interprétation. Ainsi, dans la relation d'échange commercial, le jeune vendeur conçoit la relation client-vendeur comme une relation réciproque et utilise le *tu,* indépendamment de l'âge du client ou de toute autre marque de différence ; les jeunes s'attendent en retour à être tutoyés, pour les mêmes raisons. Dans le même contexte, le client plus âgé s'attend, parce qu'il conçoit cette relation comme hiérarchique et parce que l'âge en est un indicateur, à ce qu'on s'adresse à lui en utilisant le *vous,* même s'il utilise le *tu* en retour lorsque le vendeur est jeune. De là découlent les jugements de non-respect, voire d'impolitesse posés par les personnes plus âgées. Les jeunes seront quant à eux offusqués d'être vouvoyés : ça les fait se sentir vieux ! En fait, les jeunes locuteurs hésitent entre un comportement de réciprocité qui les amènerait à utiliser le *tu,* et un comportement de respect de la hiérarchie traditionnelle qui les amènerait à utiliser le *vous.* Il est probable qu'ils optent trop souvent pour le *tu,* si on en croit les critiques sévères dont ils sont l'objet concernant leur manque de politesse.

L'âge d'utilisation du vouvoiement est le second facteur qui distingue les générations.

Les gens qui ont aujourd'hui autour de 45 ans ont appris à utiliser les deux pronoms, le *tu* et le *vous*, en apprenant à parler, en fonction de la personne à laquelle ils s'adressaient. Les jeunes n'apprennent à utiliser le *vous* que beaucoup plus tard, au moment où ils commencent à établir des relations hiérarchiques, en entrant à l'université ou sur le marché du travail.

Le cheminement scolaire est très révélateur de l'introduction progressive du vouvoiement chez les jeunes. Chez les élèves du cours primaire, la règle de tutoiement des professeurs est prédominante, tendance qui se maintient au secondaire (sauf, bien entendu, dans les écoles où le vouvoiement des professeurs est obligatoire) ; les jeunes sont en retour tutoyés, ce qui accentue l'idée de réciprocité. Les élèves privilégient cependant le vouvoiement face au directeur et alternent entre le *tu* et le *vous* selon les différents intervenants auxquels ils s'adressent (infirmière, travailleur social, psychoéducateur). Ils sont donc sensibles à la hiérarchie qui prévaut dans l'organisation scolaire et optent pour le tutoiement des personnes avec lesquelles s'établit un rapport de proximité.

Les critères relatifs à la personnalité du professeur entrent en jeu pour justifier le choix du *vous* à partir du secondaire et s'intensifient au cégep. À l'université, le processus est inversé : les étudiants ont tendance à vouvoyer tous les professeurs (sans que ceux-ci l'aient demandé semble-t-il dans la plupart des cas – de toute façon les plus jeunes des professeurs ont été élevés dans le même système que leurs étudiants) et le tutoiement s'installe selon la nature du lien qui s'établit. À ce moment, les étudiants introduisent le *vous* dans leurs usages, vraisemblablement pour le reste de leur vie. Le *vous* reste très employé dans les relations véritablement hiérarchiques où le pouvoir est en jeu et aujourd'hui, pour la plupart des individus, qu'ils aillent ou non à l'université, de telles relations ne commencent à se nouer qu'au sortir de l'adolescence.

Le vouvoiement n'est donc pas en chute libre, comme certains le prétendent. Il est exact de dire que l'espace occupé par le *vous* s'est restreint depuis l'après-guerre environ. Mais cette restriction ne peut pas être interprétée comme un signe de la disparition progressive du vouvoiement. En effet, si le *vous* était véritablement en voie de disparition d'une génération à l'autre, les jeunes ne l'introduiraient pas en plus grand nombre dans leur langage à l'aube de l'âge adulte, ils conserveraient toute leur vie la faible utilisation du *vous* caractéristique de leur enfance et de leur adolescence.

En somme, toute cette histoire d'impolitesse est basée sur l'interprétation de la réciprocité ou de la dissymétrie qui peut exister entre les interlocuteurs, qu'elle soit générationnelle ou hiérarchique. Le hic, c'est que tout le monde n'interprète pas de la même façon, d'où les tensions et les grincements de dents !

CHAPITRE VIII

LA LANGUE ET L'ÉCOLE[10]

Pour Dor, il n'y a pas que la langue qui était plus belle autrefois : les écoles aussi étaient plus belles, et les gens plus pudiques, moins vulgaires et moins désinvoltes. Il est difficile de ne pas succomber un jour ou l'autre à la nostalgie du passé, mais il peut toujours être utile de ne pas oublier que la situation actuelle est le futur bon vieux temps de nos enfants. Les écoles étaient peut-être meilleures et plus belles autrefois, mais peu d'enfants avaient alors la chance de s'en rendre compte. La majorité d'entre eux apprenaient à peine à lire. La révolution tranquille n'a pas porté les fruits que nous espérions, les lendemains qui chantent se font toujours attendre, les effets pervers de la démocratisation se sont révélés nombreux et nous ont, comme il se doit, pris par surprise. Et alors ? Nous sommes incomparablement plus instruits qu'il y a 30 ans, peu

10. Ce chapitre et « En guise de conclusion » doivent beaucoup à Conrad Ouellon.

importe ce qu'on pense de l'école actuelle, et il faut une certaine malhonnêteté pour ne pas le reconnaître.

Cela dit, on ne peut pas nier les problèmes auxquels l'école fait face, notamment l'échec scolaire et son corollaire immédiat, le décrochage. Ce sont là des problèmes graves, qui requièrent l'attention de toute la collectivité. L'échec scolaire ne frappe pas également dans toutes les couches de la société et c'est là une pierre d'achoppement de la démocratisation de l'enseignement. La connaissance pour tous, tel est le fondement de la démocratie, tel était aussi l'objectif des responsables de la révolution tranquille. Or, en dépit des efforts consentis depuis plusieurs années au chapitre de l'éducation, il faut reconnaître que le savoir reste très inéquitablement réparti.

Le rôle de la compétence linguistique dans l'échec scolaire s'est trouvé tout récemment au centre d'une importante controverse aux États-Unis. Le débat a été lancé à la suite de la décision du *School Board* d'Oakland, en Californie, de déclarer que les élèves afro-américains, qui constituent 75 % de la clientèle des écoles de la région, parlent une langue qui n'est pas une variété de l'anglais, mais une langue à part entière, l'*ébonique* (*ebonics,* de *ebony* – ébène – et de *phonics* – étude des sons), qui serait dérivée des langues africaines parlées par leurs ancêtres esclaves. On reconnaît là apparemment la position d'un Georges Dor affirmant que les Québécois parlent un créole incompréhensible des autres francophones, une langue qui n'est pas du français. Tout comme le *School Board,* Dor attribue l'échec scolaire et le haut taux de décrochage des élèves à la méconnaissance de la langue standard utilisée à l'école.

La même collecte impressionniste d'exemples, cette fois tirés de copies d'élèves, vient appuyer la thèse. Les perles recueillies et publiées par le magazine *L'Actualité* en 1995 ressemblent beaucoup à celles que citait le Frère Untel dans *Les insolences*. Dor s'en désole et y voit une preuve de la faillite du système québécois d'enseignement.

Les perles d'élèves ont toujours beaucoup de succès, comme les *bloopers,* comme les sottisiers. Elles prouvent que nous faisons et disons tous beaucoup de bêtises et que dans toute classe il y a de mauvais élèves. Rien d'autre. Avec un nombre suffisant de copies, on trouvera toujours assez de perles pour faire un beau collier. Et comme le nombre de copies à corriger augmente parallèlement au nombre d'élèves, il est certainement juste de dire qu'il y a encore plus de perles aujourd'hui qu'il y a 30 ans. Les enseignants se souviennent des erreurs de leurs plus mauvais élèves parce qu'elles les frappent et les font rire, mais quel volume occupent les perles par rapport à leurs productions linguistiques standard ? Combien d'énoncés conformes à la norme pour une perle ? C'est ça qu'il faut évaluer si l'on veut parler sérieusement de la performance globale des élèves québécois en français. Autrement on en reste à la conversation de taverne.

LES ENFANTS N'ONT PAS BESOIN QU'ON LEUR APPRENNE À PARLER

Les enfants ne vont pas à l'école pour apprendre à parler. Au moment de leur entrée en première année, ils ont déjà derrière eux six ans d'apprentissage de la langue parlée dans leur milieu. Espérons que les chapitres qui précèdent ont suffisamment démontré que quel que soit ce milieu, la langue qu'ils ont apprise est systématique (en ce sens qu'elle obéit à des règles précises) et adéquate, capable de répondre à tous leurs besoins de communication.

Les enfants vont à l'école pour apprendre comment et de quoi le monde est fait. Et donc d'abord et avant tout pour apprendre à lire et à écrire. Car de cet apprentissage de la lecture et de l'écriture dépendent tous les autres.

La langue écrite, ou plus exactement le français utilisé dans la communication écrite, diffère du français parlé par tous les enfants de quelque milieu qu'ils soient. Il n'est la « langue » maternelle d'aucun individu, qu'il vienne de Paris ou de Chicoutimi, d'Outremont ou du quartier Hochelaga. En arrivant à l'école, tous les enfants, sans distinction, sont donc placés devant une variété de français qui leur est en partie inconnue et qu'on va tant bien que mal tenter de leur apprendre à maîtriser au cours des années qui vont suivre. Bien sûr, l'écart qui sépare ce français qu'on écrit et qu'on lit du français parlé peut être plus ou moins grand suivant le milieu d'origine des enfants. Mais cet écart à lui seul ne peut expliquer l'échec scolaire d'un trop grand nombre de ceux qui sont issus des groupes dits défavorisés. Tous les petits Québécois disent *tab* et *chu,* cela n'empêche pas un grand nombre d'entre eux de réussir à l'école, on ne peut donc attribuer l'échec des autres à cette façon de parler.

L'échec scolaire est un problème extrêmement complexe relié à tout un ensemble de facteurs : conditions de vie, attitude de la famille par rapport à l'école, etc. Il faudrait peut-être réfléchir à la pauvreté croissante d'un nombre lui aussi croissant d'enfants, à l'isolement d'un grand nombre de parents débordés, à tous ces facteurs qui font qu'un enfant peut se présenter chaque matin à l'école dans des dispositions bien peu propices à l'apprentissage et peut avoir du mal à s'y intéresser parce qu'il n'y retrouve aucune des valeurs que lui transmet sa famille. Il n'existe parfois aucune continuité entre l'école et la maison, ni dans les contenus abordés, ni surtout dans la manière de les aborder. L'enfant placé dans une telle situation de discontinuité doit forcément rompre, soit avec l'école, soit avec le milieu familial. Les conséquences d'une rupture avec l'école sont connues ; on pense beaucoup plus rarement aux conséquences d'une rupture avec le milieu familial, souvent vécue comme une trahison. Je ne suis pas certaine que dans ces conditions, on puisse endiguer le décrochage en ridiculisant la façon dont les enfants s'expriment, en leur faisant répéter que les chemises de l'archiduchesse sont archisèches ou en appelant un orthophoniste à la rescousse !

Tout comme on le fait actuellement en Californie, on avance régulièrement l'idée que le recours aux techniques d'enseignement des langues secondes pour l'enseignement de la langue maternelle pourrait aider à résoudre le problème. Ceux qui prônent cette solution sont ceux qui pensent, comme Dor, que le français parlé par les enfants à leur arrivée à l'école n'en est pas vraiment. Or, il ne faudrait pas oublier que tous les enfants, mêmes ceux des milieux les plus défavorisés, sont en contact quotidien avec des variétés de langue qui s'approchent du français standard par le biais de la télévision ou du cinéma.

Plutôt que de les traiter comme des immigrants qui ne comprennent pas un mot de ce qu'on leur raconte, il est peut-être plus utile de mettre à profit la compétence qu'ils ont déjà en la reconnaissant au lieu de la nier, pour ensuite mieux l'étendre. La maîtrise du français écrit, de même que la familiarisation avec des situations qui nécessitent l'utilisation d'une variété de langue plus formelle, entraînent un accroissement de la compétence de communication orale, et tels doivent être les objectifs à atteindre. Encore faut-il que l'enfant ait le désir de s'approprier la langue standard. Les enfants sont très tôt conscients des différences linguistiques et des valeurs attachées à l'une ou l'autre variété de langue, et certains d'entre eux peuvent très bien décider qu'il n'est pas intéressant d'adopter la langue de l'école. Il s'agit encore là d'une question sociale plus que strictement linguistique.

Que l'atteinte de ces objectifs exige qu'on revoie la formation des maîtres, qu'on redéfinisse les contenus, les méthodes et les outils, qu'on réévalue le temps qu'il faut y consacrer chaque semaine à l'école, c'est bien possible. Cela nécessiterait qu'on s'entende enfin sur une norme québécoise pour le français, tout comme les Américains et les Brésiliens ont défini la leur par rapport aux Britanniques et aux Portugais (on peut toujours rêver !). Mais chose certaine, ne pas reconnaître que la langue qu'apporte un enfant à l'école est adéquate dans bon nombre de situations, ne pas reconnaître que tout enfant *sait* parler, ne l'aide en rien à apprendre. L'usage de telle variété de langue plutôt que telle autre plus prestigieuse ne constitue pas un obstacle en soi déterminant à l'apprentissage des formes les plus valorisées de sa langue maternelle.

PRISES DE PAROLES

Revenons-en à la qualité de la langue. Il résulte du droit de parole que la société actuelle donne à tous que l'on entend davantage ceux qui gardaient le silence il y a 30 ans. Mais s'il est indéniable que la connaissance s'est démocratisée, il n'en est pas moins indéniable que beaucoup de Québécois, étudiants et professeurs aussi, restent angoissés à l'idée de prendre publiquement la parole, et ont du mal à garder froidement le contrôle de leur discours en situation émotive. Et si la qualité de la langue n'était pas qu'une question linguistique ? N'y aurait-il pas quelque chose de plus profond, de nature psychologique et sociale, dans cette notion ? D'où vient cette peur avouée ou inavouée ? Est-elle la conséquence normale de la prise de parole tardive, trop récente, d'une population entière ? La manifestation d'une insécurité linguistique chronique, résultat de la conscience de ne pas se conformer linguistiquement à un modèle que l'on juge supérieur ? Il y a là toute une réflexion à poursuivre, qui nous changerait des lamentations sur la syntaxe boiteuse et la prononciation relâchée.

EN GUISE DE CONCLUSION

Un grand nombre de linguistes, depuis 30 ans, ont démontré et n'ont cessé de dire que les jugements portés sur la langue reposent sur les valeurs sociales qu'on lui accorde et non pas sur les caractéristiques de ces langues elles-mêmes. Un grand nombre de linguistes, depuis plus longtemps encore, ont montré que la plupart des traits qui distinguent le français québécois ne lui sont en rien particuliers, ce sont des traits du français populaire de toute la francophonie ou l'héritage des différents parlers régionaux qui constituaient la langue maternelle des immigrants en Nouvelle-France. Ils ont montré que ce qui est communément considéré comme une désagrégation consécutive à la Conquête n'est souvent au contraire que la conservation de traits archaïques antérieurs à celle-ci. Les *sortir avec*, les *ta mére est tu là ?*, et tant d'autres formes, aussi bien sur le plan syntaxique que morphologique ou phonétique, datent de plusieurs siècles, elles ont toujours coexisté avec les formes que l'on considère aujourd'hui comme les seules correctes.

Les exhiber comme signes de dégénérescence ne tient tout simplement pas debout.

À part leurs étudiants, tous ces linguistes n'ont apparemment pas convaincu grand monde, de sorte que l'établissement de rapports directs entre intelligence et maîtrise d'une variété particulière de langue, ainsi que le dénigrement systématique du langage d'un grand nombre d'individus continue de ne choquer personne. On en redemande !

Comment se fait-il que ce qu'on trouve charmant dans la bouche d'un paysan normand, amusant dans la bouche de Jean Gabin au cinéma, soit si odieusement dénigré dans la bouche d'un Québécois ? C'est que les préjugés nous bouchent les oreilles ! Nous surévaluons la présence de certains écarts au Québec et nous la sous-évaluons systématiquement chez les autres francophones. Notre perception auditive est filtrée par nos convictions et nos attitudes sur la langue.

Je ne nie pas l'influence de l'anglais sur la langue au Québec ; je dis qu'on l'exagère. Je ne nie pas la difficulté qu'éprouvent un grand nombre de Québécois lorsque vient le temps de s'exprimer en public ; je dis qu'on en identifie mal la cause. Je n'ai pas l'intention d'entonner un cantique à la gloire du joual ; je dis que cette variété de langue est tout aussi systématique, grammaticalement cohérente que cette fiction de français international et qu'il est intolérable que l'on qualifie de demeurés ceux qui l'utilisent.

Tous les enfants québécois doivent avoir accès aux variétés les plus prestigieuses de leur langue – c'est pour ça qu'on les envoie à l'école –, mais dans le respect des autres variétés de français en usage dans notre société. Tous les enfants québécois doivent apprendre que certaines variétés de langue sont plus appropriées socialement dans certaines situations, chacune ayant sa place et sa fonction. La décision leur revient d'utiliser l'une ou l'autre.

UNE CORRECTIONNITE AIGUË

Le discours du dénigrement de la langue parlée au Québec s'accompagne toujours de l'expression d'un regret de sa pureté passée, à l'époque linguistiquement idyllique de la Nouvelle-France. C'est toujours la crainte de l'assimilation qui se profile derrière ce discours tantôt colérique, tantôt désespéré. Lorsqu'on parle de langue, on parle de politique, d'idéologie et c'est sans doute l'une des raisons pour laquelle les arguments apportés par les linguistes ne pèsent jamais bien lourd.

En fait, le Québec, dans sa hantise de l'assimilation, souffre de correctionnite aiguë. C'est aussi le diagnostic que pose Pierre Monette, dans son excellent *Pour en finir avec les intégristes de la culture*, au sujet de l'engouement actuel pour les concours de dictée. Dans sa poursuite obsessionnelle de la faute, le moindre écart par rapport à la norme étant toujours perçu comme le symptôme annonciateur de la mort prochaine du français en Amérique, le Québécois identifie comme des tares des emplois séculaires, aussi français que Shakespeare est anglais. Tout à l'analyse tatillonne de sa parlure, il devient incapable d'entendre les traits qui l'obsèdent dans la bouche des autres francophones du monde, qui pourtant les utilisent aussi. L'ouvrage de Georges Dor est un cas typique, exemplaire même, de cette maladie endémique chez nous.

Crispés, agrippés à une idée qu'on se fait du français plus qu'au français lui-même, incapables de reconnaître qu'on ne peut pas davantage comparer les mots qu'utilise Jos Bleau au centre commercial à ceux qu'utilise Bernard-Henri Lévy à *Bouillon de culture* que les pommes aux ananas, nous continuons de croire que tout est pire ici, de l'économie au climat ! Tout est mieux sous d'autres latitudes, en France pour les uns, en Floride pour les autres ! Jusqu'à quand ?

Y A-T-IL UN LINGUISTE DANS LA SALLE ?

Il y a quelques années, j'ai participé à la préparation d'un numéro spécial du magazine *Nuit blanche* portant sur la langue au Québec. Nous avions déjà planifié une rencontre avec Pierre Bourgault et nous avions obtenu la participation d'écrivains connus, qui se prononçaient sur la question. J'avais proposé une entrevue avec une linguiste, histoire de varier les points de vue ; on trouvait que c'était une bonne idée. Mais après avoir lu l'article, le comité de rédaction a unanimement souhaité qu'il ne soit pas publié. La linguiste ne raisonnait pas dans les termes habituels de menace pour le français, d'amélioration ou de régression de la langue. Sa perspective était celle de l'histoire de l'humanité et il allait de soi pour elle que nul peuple n'est, à aucun moment de son histoire, dépourvu de langue et de culture. C'était donc un texte qui « ne cadrait pas ». On voulait avec ce numéro du magazine soulever des débats, mais le genre de débat auquel nous sommes habitués sur la langue au Québec, toujours axé sur les dangers qui menacent la culture québécoise. Cet événement m'a beaucoup fait réfléchir sur la place du linguiste dans la société.

Les linguistes utilisent pour parler de la langue des concepts abstraits de structures, de systématicité, qui apparaissent peu pertinents au citoyen « ordinaire ». Qu'importe leurs petites démonstrations, puisque au Québec, le discours de la dégénérescence est utile : il permet d'accroître la justification de politiques linguistiques qui, si légitimes qu'elles soient, sont perpétuellement remises en question. Dans ce contexte, la validité des arguments qui appuient la thèse de la dégénérescence devient tout à fait secondaire.

Par ailleurs, le linguiste est un universitaire. À ce titre, il revendique la possession de la science, donc de l'objectivité (voire de la vérité) et peut apparaître indifférent au jeu des pressions sociales auxquelles les locuteurs font face dans toute communauté. C'est peut-être là le fondement d'un malentendu persistant entre linguistes et non-linguistes : quand les premiers disent que toutes les variétés de langue sont équivalentes en tant que systèmes de signes servant à s'exprimer (ce qui n'implique pas leur équivalence sur le plan social), les seconds grimpent dans les rideaux, sûrs qu'on veut remplacer l'enseignement du français standard à l'école par celui du joual. Il n'a jamais été question de ça.

Il existe donc des problèmes de communication entre ceux qui font métier de comprendre le fonctionnement de la langue et… les autres, qui sont tout comme lui dépositaires de ce bien collectif. Mais pendant ce temps, un grand nombre de croyances sur la langue continuent de circuler, qui alimentent les préjugés et nous font tourner en rond autour de nos certitudes. Pour savoir où va le français québécois, il faut d'abord chercher à savoir d'où il vient et de quoi il est fait exactement. Il faut aussi avoir une idée du fonctionnement d'autres langues du monde. L'information sur les états de langue ne manque pas pour suppléer aux états d'âme. À charge pour le linguiste de montrer qu'il en va de la langue comme du reste : si l'on veut entreprendre une réflexion fructueuse, il est toujours pertinent de se débarrasser des idées reçues.

BIBLIOGRAPHIE

BOAS, Franz, [1911] 1964 : « Linguistics and Ethnology », dans Dell HYMES (dir.) : *Language in Culture and Society,* New York, Harper and Row, p. 15-26.

BARBAUD, Philippe, 1984 : *Le choc des patois en Nouvelle-France,* Sillery, Presses de l'Université du Québec.

BAUCHE, Henri, 1920 : *Le langage populaire : grammaire, syntaxe et dictionnaire du français tel qu'on le parle dans le peuple de Paris avec tous les termes d'argot usuel,* Paris, Payot et cie.

BLANCHE-BENVENISTE, Claire, et Colette JEANJEAN, 1987 : *Le français parlé. Transcription et édition,* Paris, INALF/Didier érudition.

BRUNOT, Ferdinand, et Charles BRUNEAU, 1969 : *Précis de grammaire historique de la langue française,* Paris, Masson et cie.

BUREAU, Conrad, 1985 : *Le français écrit au secondaire. Une enquête et ses implications pédagogiques,* Québec, Éditeur officiel du Québec.

CAPUT, Jean-Pol, 1972 : *La langue française. Histoire d'une institution,* tome I : *842-1715*, Paris, Larousse.

CEDERGREN, Henrietta, 1985 : « Une histoire d'*R* », dans Monique LEMIEUX et Henrietta J. CEDERGREN : *Les tendances dynamiques du français parlé à Montréal,* tome I, Québec, Office de la langue française, p. 25-56.

COHEN, Marcel, [1967] 1987 : *Histoire d'une langue. Le français,* Paris, Messidor/Éditions sociales.

DOR, Georges, 1996 : *Anna braillé ène shot (Elle a beaucoup pleuré). Essai sur le langage parlé des Québécois,* Outremont, Lanctôt éditeur.

DUMAS, Denis, 1987 : *Nos façons de parler,* Sillery, Presses de l'Université du Québec.

FURCHTBAR-FEIDER, Helga, 1981 : « Quelques traits du développement linguistique chez le jeune enfant francophone de Montréal », dans Gilles GAGNÉ, Michel PAGÉ *et al.* : *Études sur la langue parlée des enfants québécois, 1969-1980,* Montréal, Presses de l'Université de Montréal, p. 72-81.

GAGNÉ, Gilles, *et al.*, 1969 : *Enquête sur la langue orale des enfants de deuxième année. Lexique, morphologie, syntaxe,* Recherche inédite menée pour le compte du ministère de l'Éducation du Québec (S.M.T.E.) et résumée dans GAGNÉ et BARBAUD, 1981.

GAGNÉ, Gilles, et Philippe BARBAUD, 1981 : « Remarques sur la langue parlée d'enfants de six-sept ans », dans Gilles GAGNÉ, Michel PAGÉ *et al.* : *Études sur la langue parlée des enfants québécois, 1969-1980,* Montréal, Presses de l'Université de Montréal, p. 49-69.

GUIRAUD, Pierre, 1969 : *Le français populaire,* Paris, PUF, collection « Que sais-je ? ».

LABELLE, Guy, 1981 : « La performance syntaxique d'enfants de cinq ans de Montréal et de Paris », dans Gilles GAGNÉ, Michel PAGÉ *et al.* : *Études sur la langue parlée des enfants québécois, 1969-1980,* Montréal, Presses de l'Université de Montréal, p. 121-132.

LABOV, William, [1972] 1976 : *Sociolinguistique,* Paris, Minuit.

LAKOFF, George et Mark JOHNSON, [1980] 1985 : *Les métaphores dans la vie quotidienne,* Paris, Minuit.

LECLERC, Jacques, 1989 : *Qu'est-ce que la langue ?,* Laval, Mondia éditeurs.

LECOURS, André Roch, et François LHERMITTE, [1979] 1989 : *L'aphasie,* Paris, Flammarion.

LYSTER, Roy, 1996 : « Question forms, conditional, and second-person pronouns used by adolescent native speakers across two levels of formality in written and spoken french », *The Modern Language Journal,* 80, p. 165-182.

MONETTE, Pierre, 1996 : *Pour en finir avec les intégristes de la culture,* Montréal, Boréal.

MOUGEON, Raymond, et Édouard BÉNIAK, 1989 : *Le français canadien parlé hors Québec : aperçu sociolinguistique,* Sainte-Foy, Presses de l'Université Laval.

MOUGEON, Raymond, et Édouard BÉNIAK, 1994 : *Les origines du français québécois,* Sainte-Foy, Presses de l'Université Laval.

PARADIS, Claude, avec la collaboration de Jean DOLBEC, 1992 : *PHONO : un applicateur de règles phonologiques,* Québec, CIRAL, Université Laval.

SANKOFF, David, et Réjean LESSARD, 1975 : « Vocabulary richness : A sociolinguistic analysis », Manuscrit.

SANKOFF, Gillian, et Diane VINCENT, 1980 : « The productive use of *ne* in spoken french », dans Gillian SANKOFF : *The Social Life of Language,*

Philadelphia, University of Pennsylvania Press, p. 295-310.

SIMARD, Carolle, 1994 : *Cette impolitesse qui nous distingue,* Montréal, Boréal.

TYLOR, E.-B. [1871] 1974 : *Primitive Culture : Researches into the Development of Mythology, philosophy, religion, art, and custom,* New York, Gordon Press, 2 vol.

VAUGELAS, Claude Favre de, [1647] 1934 : *Remarques sur la langue française,* Paris, Droz

VINCENT, Diane, 1993 : « Entre le *tu* et le *vous* », *Au fil des événements,* Hebdomadaire de l'Université Laval, p. 7.

WARDHAUGH, Ronald, 1986, *An Introduction to Sociolinguistics,* Oxford, Blackwell.

WOLFF, Philippe, 1994, *VOUS, une histoire internationale du vouvoiement,* Toulouse, Signes du monde.

TABLE DES MATIÈRES

Révision du manuscrit : Clarté communication
Composition et infographie : Isabelle Tousignant
Conception graphique : Caron et Gosselin,
communication graphique

Diffusion pour le Canada : Gallimard ltée
3700A, boulevard Saint-Laurent, Montréal (Qc), H2X 2V4
Téléphone : (514) 499-0072 Télécopieur : (514) 499-0851
Distribution : SOCADIS

Diffusion pour la France et la Belgique :
DNM (Distribution du Nouveau-Monde)
30, rue Gay-Lussac, 75005, Paris
France
site : http://www.librairieduquebec.fr
Téléphone : (33.1) 43.54.49.02 Télécopieur : (33.1) 43.54.39.15

Éditions Nota bene
1230, boul. René-Lévesque Ouest
Québec (Qc), G1S 1W2
mél : nbe@videotron.ca
site : http://www.notabene.ca

ACHEVÉ D'IMPRIMER
CHEZ MARQUIS IMPRIMEUR INC.
CAP-SAINT-IGNACE (QUÉBEC)
EN JANVIER 2007
POUR LE COMPTE DES ÉDITIONS NOTA BENE

Dépôt légal, 1er trimestre 2007
Bibliothèque nationale du Québec